Imprimé et relié par
Gráficas Estella en Espagne
Dépôt légal n° 4433 - Septembre 2000
22.3461.5/03 - ISBN: 2.01.223461.5
Loi n° 49-956 du 16 juillet 1949
sur les publications destinées à la jeunesse.

Les plus beaux poèmes de la langue française

HACHETTE
Jeunesse

Au fil des pages…

Au fil des pages...

Au fil des images...

Au fil des images...

Moyen Âge

La pêche d'Ysengrin

On ne connaît pas l'auteur de ce texte du XIIe siècle, composé d'une suite de fables (isopets) qui racontent les aventures de Goupil le renard et d'Ysengrin le loup. Ces histoires étaient représentées en public et ridiculisaient des personnages de l'époque.

C'était un peu avant Noël,
Quand on met les jambons en sel.
Le ciel était clair, étoilé ;
Le vivier était si gelé
Où Ysengrin devait pêcher,
Qu'on aurait pu dessus danser.
Un trou seulement s'y trouvait
Que les paysans avaient fait
Où leur bétail ils amenaient
Pour boire et pour se délasser.
Un seau, ils y avaient laissé.
Là, vint Renart toujours pressé,
Et son compère regarda.
« Sire, fait-il, venez donc là !
Il y a beaucoup de poissons
Dedans le piège où nous pêchons
Les anguilles et les barbeaux
Et autres poissons bons et beaux. »
Ysengrin dit : « Frère Renart,
Prenez-le donc de votre part
Attachez le seau à ma queue. »
Renart le prend, lui fait un nœud
À la queue, de tout son pouvoir.
« Frère, dit-il, il va falloir
Très sagement vous maintenir
Pour les poissons qui vont venir. »
Dans un buisson il s'est caché,
Son museau mis entre ses pieds,
Afin de bien voir, quoi qu'il fasse,
Ysengrin qui est sur la glace.
Et le seau est en la fontaine
Plein de glaçons à bonne étrenne.
Et l'eau commence à se glacer,
Le seau commence à s'attacher,
Auquel la queue fut bien nouée :
De glaçons fut bien entourée
La queue est en cette eau gelée
Et dans la glace elle est scellée.
Ysengrin commence à lever
Le seau, qu'il croit pouvoir tirer ;
En mainte façon, il essaie ;
Il ne sait que faire, il s'effraie.
Renart commence à appeler,
Car là il ne peut plus rester.
Déjà l'aube était arrivée.
Renart a sa tête levée,
Il le regarde, ouvre les yeux :
« Sire, fait-il, laissez l'ouvrage.
Allons-nous-en, beau doux ami,
Assez de poissons avons pris. »
Ysengrin alors s'écria :
« Renart, fait-il, trop y en a !
J'en ai tant pris ! Ne sais que dire ! »
Et Renart commença à rire,
Ouvertement a répondu :
« Qui tout convoite a tout perdu. »

Que sont mes amis devenus ?

Rutebeuf

Trouvère, Rutebeuf fut le plus grand poète du XIII*e siècle. Dans ce texte, il évoque l'oubli dans lequel ses amis le laissèrent, lui si pauvre, menant une vie rude, allant de château en château.*

…

Que sont mes amis devenus
Que j'avais de si près tenus
Et tant aimés ?
Je crois qu'ils sont trop clairsemés :
Ils ne furent pas bien fumés,
Ils m'ont manqué.
Ces amis-là m'ont mal traité :
Jamais, quand Dieu m'a affligé
De tous côtés
Je n'en ai vu un seul chez moi.
Le vent, je crois, les enleva.
L'amour est morte :
Ce sont amis que vent emporte,
Et il ventait devant ma porte :
Les emporta.

…

Au temps où l'arbre se défeuille,
Quand il ne reste en branche feuille
Qui n'aille à terre,
Par la pauvreté qui m'atterre,
Qui de partout me fait la guerre,
Pendant l'hiver,
De beaucoup sont changés mes vers,
Commence le récit amer
De mon histoire.
Peu d'esprit et peu de mémoire
M'a donnés Dieu, le Roi de gloire,
Et peu de rente,
Et froid au cul quand bise vente.
Le vent me vient, le vent m'évente,
Et trop souvent
Plusieurs fois je ressens le vent.
…

Le printemps

Charles d'Orléans

Renouant avec la tradition des princes poètes, Charles d'Orléans aborde ici un thème cher à la poésie du Moyen Âge : le Renouveau.

Le temps a laissé son manteau
De vent, de froidure et de pluie,
Et s'est vêtu de broderie,
De soleil luisant, clair et beau.

Il n'y a bête ni oiseau,
Qu'en son jargon ne chante ou crie :
« Le temps a laissé son manteau
De vent de froidure et de pluie ».

Rivière, fontaine et ruisseau
Portent en livrée jolie,
Gouttes d'argent, d'orfèvrerie,
Chacun s'habille de nouveau,
Le temps a laissé son manteau.

Ballade des dames du temps jadis

François Villon

Pour ce poème, François Villon a convoqué des personnages célèbres du passé qui connurent bien des tourments. On y retrouve, entre autres, les amoureux Héloïse et Abélard ou Jeanne d'Arc.

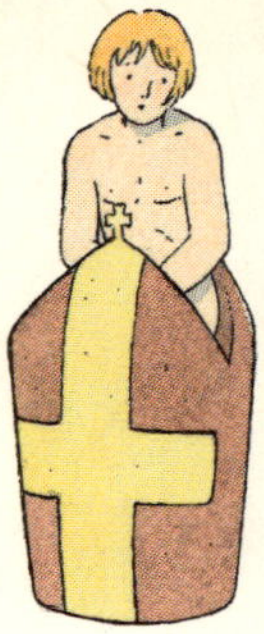

Dites-moi où, n'en quel pays,
Est Flora, la belle Romaine,
Alcibiade, ne Thaïs,
Qui fut sa cousine germaine ?
Écho parlant quand bruit on mène
Dessus rivière ou sur étang
Qui beauté eut trop plus qu'humaine ?
Mais où sont les neiges d'antan ?

Où est la très sage Héloïs
Pour qui châtré fut, puis moine
Pierre Abélard à Saint-Denis ?
Pour son amour eut cette essoine.
Semblablement, où est la reine
Qui commanda que Buridan
Fût jeté en un sac en Seine ?
Mais où sont les neiges d'antan ?

La reine Blanche comme lis
Qui chantait à voix de sirène,
Berthe au grand pied, Bietris, Alis,
Haremburgis qui tint le Maine,
Et Jeanne la bonne Lorraine
Qu'Anglais brûlèrent à Rouen ?
Où sont-ils, Vierge souveraine ?
Mais où sont les neiges d'antan ?

Prince, n'enquérez de semaine
Où elles sont, ni de cet an,
Qu'à ce refrain ne vous remaine,
Mais où sont les neiges d'antan ?

XVIe SIÈCLE

Heureux qui, comme Ulysse...

Joachim du Bellay

Composés deux ans avant sa mort, les Regrets, *dont est issu ce poème, ont été écrits à Rome où l'auteur séjournait. Il y dépeint sa nostalgie du pays natal.*

Heureux qui, comme Ulysse, a fait un beau voyage,
Ou comme cestuy-là qui conquit la toison,
Et puis est retourné, plein d'usage et raison,
Vivre entre ses parents le reste de son âge !

Quand reverrai-je, hélas, de mon petit village
Fumer la cheminée, et en quelle saison,
Reverrai-je le clos de ma pauvre maison,
Qui m'est une province et beaucoup davantage ?

Plus me plaît le séjour qu'ont bâti mes aïeux,
Que des palais romains le front audacieux,
Plus que le marbre dur me plaît l'ardoise fine ;

Plus mon Loire gaulois, que le Tibre latin,
Plus mon petit Liré, que le mont Palatin,
Et plus que l'air marin la douceur angevine.

Mignonne, allons voir si la rose…

Pierre de Ronsard

Ce poème est dédié à Cassandre Salviati, fille d'un banquier italien, dont s'éprit Ronsard. Renouvelant avec originalité un des lieux communs éternels de la poésie, cette ode est universellement connue.

Mignonne, allons voir si la rose
Qui ce matin avait déclose
Sa robe de pourpre au soleil,
A point perdu cette vesprée
Les plis de sa robe pourprée
Et son teint au vôtre pareil.

Las ! voyez comme en peu d'espace,
Mignonne, elle a dessus la place,
Las, las, ses beautés laissé choir !
Ô vraiment marâtre Nature,
Puisqu'une telle fleur ne dure
Que du matin jusques au soir !

Donc, si vous me croyez, mignonne,
Tandis que votre âge fleuronne
En sa plus verte nouveauté,
Cueillez, cueillez votre jeunesse :
Comme à cette fleur la vieillesse
Fera ternir votre beauté.

Quand vous serez bien vieille…

Pierre de Ronsard

Ce poème est extrait des Sonnets pour Hélène *que Ronsard écrivit pour Hélène de Surgères, une des filles d'honneur de Catherine de Médicis.*

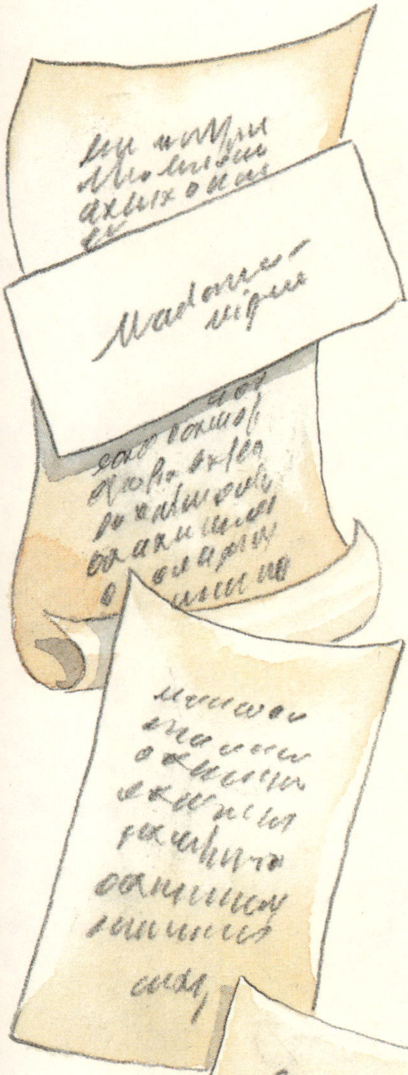

Quand vous serez bien vieille, au soir, à la chandelle,
Assise auprès du feu, dévidant et filant,
Direz, chantant mes vers, en vous émerveillant :
« Ronsard me célébrait du temps que j'étais belle ! »

Lors, vous n'aurez servante, oyant telle nouvelle,
Déjà sous le labeur à demi sommeillant,
Qui au bruit de Ronsard ne s'aille s'éveillant,
Bénissant votre nom de louange immortelle.

Je serai sous la terre, et, fantôme sans os,
Par les ombres myrteux je prendrai mon repos :
Vous serez au foyer une vieille accroupie,

Regrettant mon amour et votre fier dédain.
Vivez, si m'en croyez, n'attendez à demain ;
Cueillez dès aujourd'hui les roses de la vie.

Je vous envoie un bouquet...

Pierre de Ronsard

Lieux communs des Anciens et de la Renaissance, les thèmes du temps qui passe et du plaisir qu'il ne faut manquer de goûter au présent inspirèrent à Ronsard ses plus beaux poèmes.

Je vous envoie un bouquet que ma main
Vient de trier de ces fleurs épanies ;
Qui ne les eût à ce vêpre cueillies,
Chutes à terre elles fussent demain.

Cela vous soit un exemple certain
Que vos beautés, bien qu'elles soient fleuries,
En peu de temps cherront toutes flétries,
Et comme fleurs, périront tout soudain.

Le temps s'en va, le temps s'en va, ma dame ;
Las ! le temps, non, mais nous nous en allons,
Et tôt serons étendus sous la lame ;

Et des amours desquelles nous parlons,
Quand serons morts, n'en sera plus nouvelle.
Pour c'aimez-moi cependant qu'êtes belle.

Tant que mes yeux…

Louise Labé

Louise Labé fut l'un des plus grands poètes de la Renaissance. Dans son œuvre, elle renverse les conventions amoureuses puisque c'est une femme qui aime.

Tant que mes yeux pourront larmes épandre,
À l'heur passé avec toi regretter ;
Et qu'aux sanglots et soupirs résister
Pourra ma voix, et un peu faire entendre ;

Tant que ma main pourra les cordes tendre
Du mignard luth pour tes grâces chanter,
Tant que l'esprit se voudra contenter
De ne vouloir rien fors que toi comprendre ;

Je ne souhaite encore point mourir.
Mais quand mes yeux je sentirai tarir,
Ma voix cassée et ma main impuissante,

Et mon esprit en ce mortel séjour
Ne pouvant plus montrer signe d'amante,
Prierai la Mort noircir mon plus clair jour.

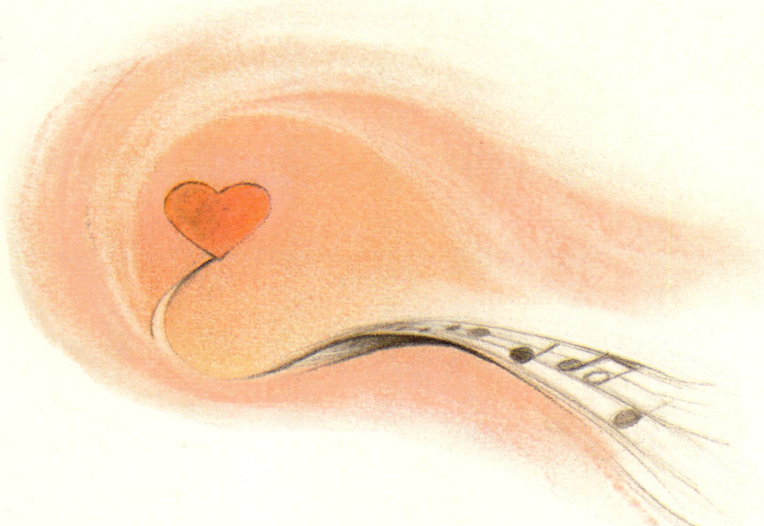

XVIIe SIÈCLE

La solitude

Théophile de Viau

Considéré comme un poète moderne, Théophile de Viau célèbre la nature à sa manière, sans se soucier des conventions stylistiques. Les classiques le détestèrent, les romantiques le réhabilitèrent.

Dans ce val solitaire et sombre,
Le cerf, qui brame au bruit de l'eau,
Penchant ses yeux dans un ruisseau,
S'amuse à regarder son ombre.

De cette source une Naïade
Tous les soirs ouvre le portal
De sa demeure de cristal,
Et nous chante une sérénade.

Les nymphes, que la chasse attire
À l'ombrage de ces forêts,
Cherchent les cabinets secrets
Loin de l'embûche du satyre.

Jadis, au pied de ce grand chêne,
Presque aussi vieux que le soleil,
Bacchus, l'Amour et le Sommeil
Firent la fosse de Silène.

Un froid et ténébreux silence
Dort à l'ombre de ces ormeaux,
Et les vents battent les rameaux
D'une amoureuse violence.

L'esprit plus retenu s'engage
Au plaisir de ce doux séjour,
Où Philomèle nuit et jour
Renouvelle un piteux langage.

L'orfraie et le hibou s'y perche ;
Ici vivent les loups-garous ;
Jamais la justice en courroux
Ici de criminels ne cherche.

Ici l'amour fait ses études ;
Vénus y dresse des autels,
Et les visites des mortels
Ne troublent point ces solitudes.
...

Le paresseux

Saint-Amant

Grand voyageur, Saint-Amant mènera par la suite une vie joyeuse à Paris où il écrit des poèmes chargés d'humour dans lesquels les plaisirs de la vie passent au premier plan.

Accablé de paresse et de mélancolie,
Je rêve dans un lit où je suis fagoté,
Comme un lièvre sans os qui dort dans un pâté,
Ou comme un Don Quichotte en sa morne folie.

Là, sans me soucier des guerres d'Italie,
Du comte Palatin, ni de sa royauté,
Je consacre un bel hymne à cette oisiveté
Où mon âme en langueur est comme ensevelie.

Je trouve ce plaisir si doux et si charmant,
Que je crois que les biens me viendront en dormant,
Puisque je vois déjà s'en enfler ma bedaine,

Et hais tant le travail que, les yeux entr'ouverts,
Une main hors des draps, cher Baudoin, à peine
Ai-je pu me résoudre à t'écrire ces vers.

Le Corbeau et le Renard

Jean de La Fontaine

En 1668, Jean de La Fontaine fait paraître six livres de fables qui connaissent un succès immédiat. S'inspirant des textes antiques (Ésope, en particulier), l'ancien maître des Eaux et Forêts narre des anecdotes animalières derrière lesquelles se cache la société de son temps.

Maître Corbeau, sur un arbre perché,
Tenait en son bec un fromage.
Maître Renard, par l'odeur alléché,
Lui tint à peu près ce langage :
« Hé ! bonjour, Monsieur du Corbeau,
Que vous êtes joli ! que vous me semblez beau !
Sans mentir, si votre ramage
Se rapporte à votre plumage,
Vous êtes le phénix des hôtes de ces bois. »
À ces mots le corbeau ne se sent pas de joie ;
Et pour montrer sa belle voix,
Il ouvre un large bec, laisse tomber sa proie.
Le renard s'en saisit, et dit : « Mon bon Monsieur,
Apprenez que tout flatteur
Vit aux dépens de celui qui l'écoute :
Cette leçon vaut bien un fromage, sans doute. »
Le corbeau, honteux et confus,
Jura, mais un peu tard, qu'on ne l'y prendrait plus.

Le Loup et l'Agneau

Jean de La Fontaine

Le Loup et l'Agneau, *l'une des fables les plus connues de La Fontaine, montre que la nature est parfois sans pitié. Parce qu'il lui faut bien un prétexte pour se venger et surtout pour se remplir le ventre, le loup accuse à tort l'agneau qui se défend comme il peut.*

La raison du plus fort est toujours la meilleure ;
Nous l'allons montrer tout à l'heure.

Un agneau se désaltérait
Dans le courant d'une onde pure.
Un loup survient à jeun, qui cherchait aventure,
Et que la faim en ces lieux attirait.
« Qui te rend si hardi de troubler mon breuvage ?
Dit cet animal plein de rage :
Tu seras châtié de ta témérité.
– Sire, répond l'agneau, que Votre Majesté
Ne se mette pas en colère ;
Mais plutôt qu'Elle considère
Que je me vas désaltérant
Dans le courant,
Plus de vingt pas au-dessous d'Elle ;
Et que par conséquent, en aucune façon,
Je ne puis troubler sa boisson.
– Tu la troubles, reprit cette bête cruelle ;
Et je sais que de moi tu médis l'an passé.
– Comment l'aurais-je fait si je n'étais pas né ?
Reprit l'agneau ; je tète encor ma mère.
– Si ce n'est toi, c'est donc ton frère.
– Je n'en ai point. – C'est donc quelqu'un des tiens
Car vous ne m'épargnez guère,
Vous, vos bergers, et vos chiens.
On me l'a dit : il faut que je me venge. »
Là-dessus, au fond des forêts
Le loup l'emporte et puis le mange,
Sans autre forme de procès.

Le Lièvre et la Tortue

Jean de La Fontaine

Cette fable fait partie du sixième livre du premier recueil que publia La Fontaine en 1668. Il a quarante-sept ans et a déjà écrit plusieurs contes, des odes et des élégies.

Rien ne sert de courir ; il faut partir à point :
Le lièvre et la tortue en sont un témoignage.
« Gageons, dit celle-ci, que vous n'atteindrez point
Sitôt que moi ce but. – Sitôt ? Êtes-vous sage ?
Repartit l'animal léger :
Ma commère, il vous faut purger
Avec quatre grains d'ellébore.
– Sage ou non, je parie encore. »
Ainsi fut fait, et de tous deux
On mit près du but les enjeux :
Savoir quoi, ce n'est pas l'affaire,
Ni de quel juge l'on convint.
Notre lièvre n'avait que quatre pas à faire,
J'entends de ceux qu'il fait lorsque, prêt d'être atteint,
Il s'éloigne des chiens, les renvoie aux calendes,
Et leur fait arpenter les landes.
Ayant, dis-je, du temps de reste pour brouter,
Pour dormir et pour écouter
D'où vient le vent, il laisse la tortue
Aller son train de sénateur.
Elle part, elle s'évertue
Elle se hâte avec lenteur.
Lui cependant méprise une telle victoire,
Tient la gageure à peu de gloire,
Croit qu'il y va de son honneur
De partir tard. Il broute, il se repose,
Il s'amuse à toute autre chose
Qu'à la gageure. À la fin, quand il vit
Que l'autre touchait presque au bout de la carrière,
Il partit comme un trait ; mais les élans qu'il fit
Furent vains : la tortue arriva la première.
« Eh bien ! lui cria-t-elle, avais-je pas raison ?
De quoi vous sert votre vitesse ?
Moi l'emporter ! et que serait-ce
Si vous portiez une maison ? »

La Cigale et la Fourmi

Jean de La Fontaine

C'est le premier texte du premier livre de fables qu'écrivit La Fontaine. S'inspirant d'une histoire d'Ésope (VIe siècle av. J.-C.), l'écrivain Jean Antoine de Baïf (1532-1589) en avait fait une courte poésie dans son recueil Mœurs et Enseignements.

La cigale, ayant chanté
Tout l'été,
Se trouva fort dépourvue
Quand la bise fut venue :
Pas un seul petit morceau
De mouche ou de vermisseau.
Elle alla crier famine
Chez la fourmi sa voisine,
La priant de lui prêter
Quelque grain pour subsister
Jusqu'à la saison nouvelle.
« Je vous paierai, lui dit-elle,
Avant l'oût, foi d'animal,
Intérêt et principal. »
La fourmi n'est pas prêteuse :
C'est là son moindre défaut.
« Que faisiez-vous au temps chaud ?
Dit-elle à cette emprunteuse.
– Nuit et jour à tout venant,
Je chantais, ne vous déplaise.
– Vous chantiez ? J'en suis fort aise :
Eh bien ! dansez maintenant. »

Le Lion et le Rat

Jean de La Fontaine

« On a souvent besoin d'un plus petit que soi. » Le célèbre vers qui donne toute sa force à la fable montre que les petits peuvent apporter beaucoup aux grands.

Il faut, autant qu'on peut, obliger tout le monde :
On a souvent besoin d'un plus petit que soi.
De cette vérité deux fables feront foi,
Tant la chose en preuves abonde.
Entre les pattes d'un lion,
Un rat sortit de terre assez à l'étourdie.
Le roi des animaux, en cette occasion,
Montra ce qu'il était, et lui donna la vie.
Ce bienfait ne fut pas perdu.
Quelqu'un aurait-il jamais cru
Qu'un lion d'un rat eût affaire ?
Cependant il avint qu'au sortir des forêts
Ce lion fut pris dans des rets,
Dont ses rugissements ne le purent défaire.
Sire Rat accourut, et fit tant par ses dents
Qu'une maille rongée emporta tout l'ouvrage.
Patience et longueur de temps
Font plus que force ni que rage.

La laitière et le pot au lait

Jean de La Fontaine

Dédié à la marquise de Montespan, le second recueil de fables (du livre VII au livre XII), rédigé en 1678 et 1679, s'inspire d'Ésope mais surtout des écrits de Pilpay, un sage indien du IVe siècle av. J.-C.

Perrette, sur sa tête ayant un Pot au lait
Bien posé sur un coussinet,
Prétendait arriver sans encombre à la ville.
Légère et court vêtue elle allait à grands pas ;
Ayant mis ce jour-là pour être plus agile
Cotillon simple, et souliers plats.
Notre laitière ainsi troussée
Comptait déjà dans sa pensée
Tout le prix de son lait, en employait l'argent,
Achetait un cent d'œufs, faisait triple couvée ;
La chose allait à bien par son soin diligent.
« Il m'est, disait-elle, facile
D'élever des poulets autour de ma maison :
Le renard sera bien habile,
S'il ne m'en laisse assez pour avoir un cochon.
Le porc à s'engraisser coûtera peu de son ;
Il était quand je l'eus de grosseur raisonnable ;
J'aurai le revendant de l'argent bel et bon ;
Et qui m'empêchera de mettre en notre étable,
Vu le prix dont il est, une vache et son veau,
Que je verrai sauter au milieu du troupeau ? »
Perrette là-dessus saute aussi, transportée.
Le lait tombe ; adieu veau, vache, cochon, couvée ;
La dame de ces biens, quittant d'un œil marri
Sa fortune ainsi répandue,
Va s'excuser à son mari
En grand danger d'être battue.
Le récit en farce en fut fait ;
On l'appela le Pot au lait.

Le Chêne et le Roseau

Jean de La Fontaine

Dernière fable du livre I du premier recueil, Le Chêne et le Roseau *est dédié au Grand Dauphin, fils de Louis XIV, mort avant d'avoir régné.*

Le chêne un jour dit au roseau :
« Vous avez bien sujet d'accuser la nature ;
Un roitelet pour vous est un pesant fardeau ;
Le moindre vent qui d'aventure
Fait rider la face de l'eau,
Vous oblige à baisser la tête,
Cependant que mon front, au Caucase pareil,
Non content d'arrêter les rayons du soleil,
Brave l'effort de la tempête.
Tout vous est aquilon, tout me semble zéphyr.
Encor si vous naissiez à l'abri du feuillage
Dont je couvre le voisinage,
Vous n'auriez pas tant à souffrir :
Je vous défendrais de l'orage ;
Mais vous naissez le plus souvent
Sur les humides bords des royaumes du vent.
La nature envers vous me semble bien injuste.
– Votre compassion, lui répondit l'arbuste,
Part d'un bon naturel ; mais quittez ce souci :
Les vents me sont moins qu'à vous redoutables ;
Je plie, et ne romps pas. Vous avez jusqu'ici
Contre leurs coups épouvantables
Résisté sans courber le dos ;
Mais attendons la fin. » Comme il disait ces mots,
Du bout de l'horizon accourt avec furie
Le plus terrible des enfants
Que le Nord eût portés jusque-là dans ses flancs.
L'arbre tient bon ; le roseau plie.
Le vent redouble ses efforts,
Et fait si bien qu'il déracine
Celui de qui la tête au ciel était voisine,
Et dont les pieds touchaient à l'empire des morts.

Les deux pigeons

Jean de La Fontaine

Ce poème est issu du livre IX du second recueil des fables que La Fontaine dédia à la marquise de Montespan.

Deux pigeons s'aimaient d'amour tendre :
L'un d'eux, s'ennuyant au logis,
Fut assez fou pour entreprendre
Un voyage en lointain pays.
L'autre lui dit : « Qu'allez-vous faire ?
Voulez-vous quitter votre frère ?
L'absence est le plus grand des maux :
Non pas pour vous, cruel ! Au moins, que les travaux,
Les dangers, les soins du voyage,
Changent un peu votre courage.
Encor, si la saison s'avançait davantage !
Attendez les zéphyrs : qui vous presse ? un corbeau
Tout à l'heure annonçait malheur à quelque oiseau.
Je ne songerai plus que rencontre funeste,
Que faucons, que réseaux. "Hélas, dirai-je, il pleut :
Mon frère a-t-il tout ce qu'il veut,
Bon souper, bon gîte, et le reste ?" »
Ce discours ébranla le cœur
De notre imprudent voyageur ;
Mais le désir de voir et l'humeur inquiète
L'emportèrent enfin. Il dit : « Ne pleurez point ;
Trois jours au plus rendront mon âme satisfaite ;
Je reviendrai dans peu conter de point en point
Mes aventures à mon frère ;
Je le désennuierai. Quiconque ne voit guère
N'a guère à dire aussi. Mon voyage dépeint
Vous sera d'un plaisir extrême.
Je dirai : "J'étais là ; telle chose m'advint" ;
Vous y croirez être vous-même. »

À ces mots, en pleurant, ils se dirent adieu.
Le voyageur s'éloigne ; et voilà qu'un nuage
L'oblige de chercher retraite en quelque lieu.
Un seul arbre s'offrit, tel encor que l'orage
Maltraita le pigeon en dépit du feuillage.
L'air devenu serein, il part tout morfondu,
Sèche du mieux qu'il peut son corps chargé de pluie.
Dans un champ à l'écart voit du blé répandu,
Voit un pigeon auprès : cela lui donne envie ;
Il y vole, il est pris : ce blé couvrait d'un lacs
Les menteurs et traîtres appas.
Le lacs était usé : si bien que, de son aile,
De ses pieds, de son bec, l'oiseau le rompt enfin :
Quelque plume y périt ; et le pis du destin
Fut qu'un certain vautour, à la serre cruelle,
Vit notre malheureux, qui, traînant la ficelle
Et les morceaux du lacs qui l'avait attrapé,
Semblait un forçat échappé.
Le vautour s'en allait le lier, quand des nues
Fond à son tour un aigle aux ailes étendues.
Le pigeon profita du conflit des voleurs,
S'envola, s'abattit auprès d'une masure,
Crut, pour ce coup, que ses malheurs
Finiraient par cette aventure ;
Mais un fripon d'enfant (cet âge est sans pitié)
Prit sa fronde et, du coup, tua plus qu'à moitié
La volatile malheureuse,
Qui, maudissant sa curiosité,

Traînant l'aile et tirant le pied,
Demi-morte et demi-boiteuse,
Droit au logis s'en retourna :
Que bien, que mal, elle arriva
Sans autre aventure fâcheuse.
Voilà nos gens rejoints ; et je laisse à juger
De combien de plaisirs ils payèrent leurs peines.

Amants, heureux amants, voulez-vous voyager ?
Que ce soit aux rives lointaines.
Soyez-vous l'un à l'autre un monde toujours beau,
Toujours divers, toujours nouveau ;
Tenez-vous lieu de tout, comptez pour rien le reste,
J'ai quelquefois aimé : je n'aurais pas alors
Contre le Louvre et ses trésors,
Contre le firmament et sa voûte céleste,
Changé les bois, changé les lieux
Honorés par les pas, éclairés par les yeux
De l'aimable et jeune bergère
Pour qui, sous le fils de Cythère,
Je servis, engagé par mes premiers serments.
Hélas ! quand reviendront de semblables moments ?
Faut-il que tant d'objets si doux et si charmants
Me laissent vivre au gré de mon âme inquiète ?
Ah ! Si mon cœur osait encor se renflammer !
Ne sentirai-je plus de charme qui m'arrête ?
Ai-je passé le temps d'aimer ?

XVIIIe SIÈCLE

Poème sur le désastre de Lisbonne

François-Marie Arouet, dit Voltaire

Le 1er novembre 1755, un tremblement de terre causa la mort de quarante mille personnes à Lisbonne. Voltaire, bouleversé, analyse avec pessimisme ce désastre en rédigeant ce poème philosophique.

Ô malheureux mortels ! ô terre déplorable !
Ô de tous les mortels assemblage effroyable !
D'inutiles douleurs éternel entretien !
Philosophes trompés, qui criez : Tout est bien ;
Accourez, contemplez ces ruines affreuses,
Ces débris, ces lambeaux, ces cendres malheureuses,
Ces femmes, ces enfants, l'un sur l'autre entassés,
Sous ces marbres rompus ces membres dispersés ;
Cent mille infortunés que la terre dévore,
Qui, sanglants, déchirés, et palpitants encore,
Enterrés sous leurs toits, terminent sans recours
Dans l'horreur des tourments leurs lamentables jours !
Aux cris demi-formés de leurs voix expirantes,
Au spectacle effrayant de leurs cendres fumantes,
Direz-vous : « C'est l'effet des éternelles lois
Qui d'un Dieu libre et bon nécessitent le choix » ?
Direz-vous, en voyant cet amas de victimes :
« Dieu s'est vengé, leur mort est le prix de leurs crimes » ?
Quel crime, quelle faute ont commis ces enfants
Sur le sein maternel écrasés et sanglants ?
Lisbonne, qui n'est plus, eut-elle plus de vices
Que Londres, que Paris, plongés dans les délices ?
Lisbonne est abîmée, et l'on danse à Paris.
Tranquilles spectateurs, intrépides esprits,
De vos frères mourants contemplant les naufrages,
Vous recherchez en paix les causes des orages :
Mais du sort ennemi quand vous sentez les coups,
Devenus plus humains, vous pleurez comme nous.
Croyez-moi, quand la terre entrouvre ses abîmes,
Ma plainte est innocente et mes cris légitimes.
…

Plaisir d'amour

Jean-Pierre Claris de Florian

Ce poème fut chanté pendant la Révolution. La chanson est si célèbre que très souvent on la prend pour l'œuvre d'un anonyme.

Plaisir d'amour ne dure qu'un moment,
Chagrin d'amour dure toute la vie.
J'ai tout quitté pour l'ingrate Sylvie.
Elle me quitte et prend un autre amant.

« Tant que cette eau coulera doucement
Vers ce ruisseau qui borde la prairie,
Je t'aimerai », me répétait Sylvie.
L'eau coule encore, elle a changé pourtant.

Plaisir d'amour ne dure qu'un moment,
Chagrin d'amour dure toute la vie.

XIXe SIÈCLE

Les roses de Saadi

Marceline Desbordes-Valmore

Marceline Desbordes-Valmore fut l'un des plus grands poètes de ce début du XIXe siècle. Comme Louise Labé, elle fut hautement appréciée des romantiques.

J'ai voulu ce matin te rapporter des roses ;
Mais j'en avais tant pris dans mes ceintures closes
Que les nœuds trop serrés n'ont pu les contenir.

Les nœuds ont éclaté. Les roses envolées
Dans le vent, à la mer s'en sont toutes allées.
Elles ont suivi l'eau pour ne plus revenir.

La vague en a paru rouge et comme enflammée.
Ce soir, ma robe encore en est toute embaumée...
Respires-en sur moi l'odorant souvenir.

L'automne

Alphonse de Lamartine

L'automne *est extrait des* Méditations poétiques*, recueil de poèmes de Lamartine, publié en 1820, avec lequel il obtint un vif succès.*

Salut ! bois couronnés d'un reste de verdure !
Feuillages jaunissants sur les gazons épars !
Salut, derniers beaux jours ! le deuil de la nature
Convient à la douleur et plaît à mes regards.

Je suis d'un pas rêveur le sentier solitaire ;
J'aime à revoir encor, pour la dernière fois,
Ce soleil pâlissant, dont la faible lumière
Perce à peine à mes pieds l'obscurité des bois.

Oui, dans ces jours d'automne où la nature expire,
À ses regards voilés je trouve plus d'attraits ;
C'est l'adieu d'un ami, c'est le dernier sourire
Des lèvres que la mort va fermer pour jamais.

Ainsi, prêt à quitter l'horizon de la vie,
Pleurant de mes longs jours l'espoir évanoui,
Je me retourne encore, et d'un regard d'envie
Je contemple ses biens dont je n'ai pas joui.

Terre, soleil, vallons, belle et douce nature,
Je vous dois une larme aux bords de mon tombeau ;
L'air est si parfumé ! La nature est si pure !
Aux regards d'un mourant le soleil est si beau !

Je voudrais maintenant vider jusqu'à la lie
Ce calice mêlé de nectar et de fiel :
Au fond de cette coupe où je buvais la vie,
Peut-être restait-il une goutte de miel !

Peut-être l'avenir me gardait-il encore
Un retour de bonheur dont l'espoir est perdu !
Peut-être, dans la foule, une âme que j'ignore
Aurait compris mon âme, et m'aurait répondu !...

La fleur tombe en livrant ses parfums au zéphire ;
À la vie, au soleil, ce sont là ses adieux :
Moi, je meurs ; et mon âme, au moment qu'elle expire,
S'exhale comme un son triste et mélodieux.

Le vallon

Alphonse de Lamartine

Écrit au début de l'été 1819, Le vallon, *extrait des* Méditations poétiques *est un poème que Lamartine écrivit dans les montagnes du Dauphiné où il séjournait chez son ami Virieu.*

Mon cœur, lassé de tout, même de l'espérance,
N'ira plus de ses vœux importuner le sort ;
Prêtez-moi seulement, vallon de mon enfance,
Un asile d'un jour pour attendre la mort.

Voici l'étroit sentier de l'obscure vallée :
Du flanc de ces coteaux pendent des bois épais,
Qui, courbant sur mon front leur ombre entremêlée,
Me couvrent tout entier de silence et de paix.

Là, deux ruisseaux cachés sous des ponts de verdure,
Tracent en serpentant les contours du vallon :
Ils mêlent un moment leur onde et leur murmure,
Et non loin de leur source ils se perdent sans nom.

La source de mes jours comme eux s'est écoulée :
Elle a passé sans bruit, sans nom et sans retour ;
Mais leur onde est limpide, et mon âme troublée
N'aura pas réfléchi les clartés d'un beau jour.

La fraîcheur de leurs lits, l'ombre qui les couronne,
M'enchaînent tout le jour sur les bords des ruisseaux.
Comme un enfant bercé par un chant monotone,
Mon âme s'assoupit au murmure des eaux.
...

Le lac

Alphonse de Lamartine

En 1816, Alphonse de Lamartine rencontra à Aix-les-Bains Julie Charles, qui devait mourir de tuberculose l'année suivante. C'est elle qui inspira ce texte au poète.

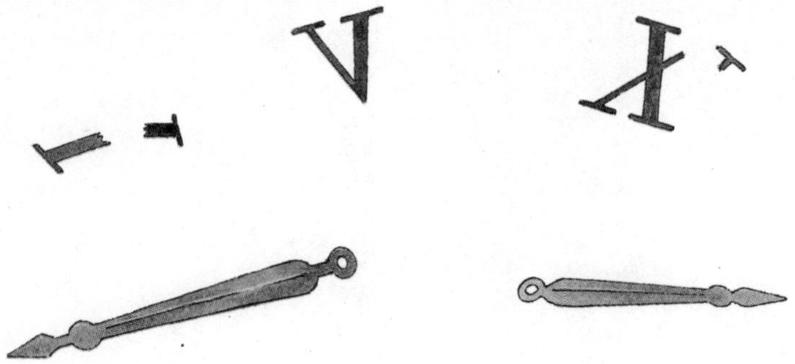

Ainsi, toujours poussés vers de nouveaux rivages,
Dans la nuit éternelle emportés sans retour,
Ne pourrons-nous jamais sur l'océan des âges
Jeter l'ancre un seul jour ?

Ô lac ! l'année à peine a fini sa carrière,
Et près des flots chéris qu'elle devait revoir,
Regarde ! Je viens seul m'asseoir sur cette pierre
Où tu la vis s'asseoir !

Tu mugissais ainsi sous ces roches profondes,
Ainsi tu te brisais sur leurs flancs déchirés,
Ainsi le vent jetait l'écume de tes ondes
Sur ses pieds adorés.

Un soir, t'en souvient-il ? nous voguions en silence ;
On n'entendait au loin, sur l'onde et sous les cieux,
Que le bruit des rameurs qui frappaient en cadence
Tes flots harmonieux.

Tout à coup des accents inconnus à la terre
Du rivage charmé frappèrent les échos :
Le flot fut attentif, et la voix qui m'est chère
Laissa tomber ces mots :

« Ô temps ! suspends ton vol, et, vous, heures propices !
Suspendez votre cours ;
Laissez-nous savourer les rapides délices
Des plus beaux de nos jours !

« Assez de malheureux ici-bas vous implorent,
Coulez, coulez pour eux;
Prenez avec leurs jours les soins qui les dévorent,
Oubliez les heureux.

« Mais je demande en vain quelques moments encore,
Le temps m'échappe et fuit;
Je dis à cette nuit : Sois plus lente, et l'aurore
Va dissiper la nuit.

« Aimons donc, aimons donc! de l'heure fugitive,
Hâtons-nous, jouissons!
L'homme n'a point de port, le temps n'a point de rive;
Il coule et nous passons! »

Temps jaloux, se peut-il que ces moments d'ivresse,
Où l'amour à longs flots nous verse le bonheur,
S'envolent loin de nous de la même vitesse
Que les jours de malheur?

Eh quoi! n'en pourrons-nous fixer au moins la trace?
Quoi! passés pour jamais! quoi! tout entiers perdus!
Ce temps qui les donna, ce temps qui les efface,
Ne nous les rendra plus!

Éternité, néant, passé, sombres abîmes,
Que faites-vous des jours que vous engloutissez ?
Parlez : nous rendrez-vous ces extases sublimes
Que vous nous ravissez ?

Ô lac ! rochers muets ! grottes ! forêt obscure !
Vous, que le temps épargne ou qu'il peut rajeunir,
Gardez de cette nuit, gardez, belle nature,
Au moins le souvenir !

Qu'il soit dans ton repos, qu'il soit dans tes orages,
Beau lac, et dans l'aspect de tes riants coteaux,
Et dans ces noirs sapins, et dans ces rocs sauvages
Qui pendent sur tes eaux.

Qu'il soit dans le zéphyr qui frémit et qui passe,
Dans les bruits de tes bords par tes bords répétés,
Dans l'astre au front d'argent qui blanchit ta surface
De ses molles clartés.

Que le vent qui gémit, le roseau qui soupire,
Que les parfums légers de ton air embaumé,
Que tout ce qu'on entend, l'on voit ou l'on respire,
Tout dise : Ils ont aimé !

Le cor

Alfred de Vigny

Extrait des Poèmes antiques et modernes*, recueil écrit vers 1826,* Le cor *s'inspire de* La Chanson de Roland.

I

J'aime le son du cor, le soir, au fond des bois,
Soit qu'il chante les pleurs de la biche aux abois,
Ou l'adieu du chasseur que l'écho faible accueille,
Et que le vent du nord porte de feuille en feuille.

Que de fois, seul, dans l'ombre à minuit demeuré,
J'ai souri de l'entendre et plus souvent pleuré !
Car je croyais ouïr de ces bruits prophétiques
Qui précédaient la mort des paladins antiques.

Ô montagnes d'azur ! Ô pays adoré !
Rocs de la Frazona, cirque du Marboré,
Cascades qui tombez des neiges entraînées,
Sources, gaves, ruisseaux, torrents des Pyrénées ;

Monts gelés et fleuris, trône des deux saisons,
Dont le front est de glace et le pied de gazons !
C'est là qu'il faut s'asseoir, c'est là qu'il faut entendre
Les airs lointains d'un cor mélancolique et tendre.
...

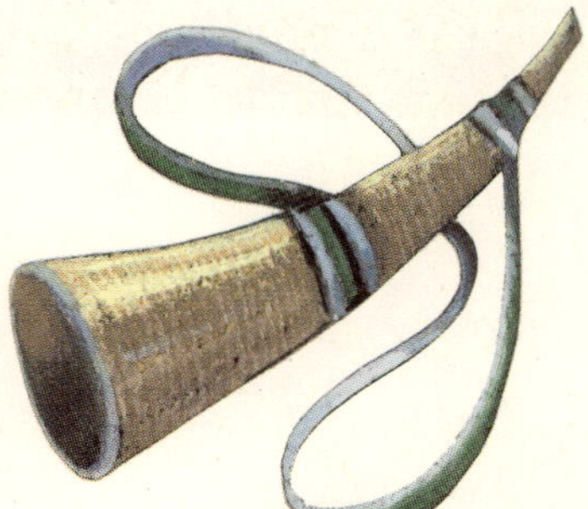

La Maison du Berger

Alfred de Vigny

Ce poème a été composé entre 1840 et 1844. Éva désigne Marie Dorval, l'actrice pour laquelle il écrivit Chatterton *et avec laquelle il eut une liaison orageuse.*

À Éva

Si ton cœur, gémissant du poids de notre vie,
Se traîne et se débat comme un aigle blessé,
Portant comme le mien, sur son aile asservie,
Tout un monde fatal, écrasant et glacé ;
S'il ne bat qu'en saignant par sa plaie immortelle,
S'il ne voit plus l'amour, son étoile fidèle,
Éclairer pour lui seul l'horizon effacé ;

Si ton âme enchaînée, ainsi que l'est mon âme,
Lasse de son boulet et de son pain amer,
Sur sa galère en deuil laisse tomber la rame,
Penche sa tête pâle et pleure sur la mer,
Et, cherchant dans les flots une route inconnue,
Y voit, en frissonnant, sur son épaule nue,
La lettre sociale écrite avec le fer ;

Si ton corps, frémissant des passions secrètes,
S'indigne des regards, timide et palpitant ;
S'il cherche à sa beauté de profondes retraites
Pour la mieux dérober au profane insultant ;
Si ta lèvre se sèche au poison des mensonges ;
Si ton beau front rougit de passer dans les songes
D'un impur inconnu qui te voit et t'entend,

Pars courageusement, laisse toutes les villes ;
Ne ternis plus tes pieds aux poudres du chemin ;
Du haut de nos pensers vois les cités serviles
Comme les rocs fatals de l'esclavage humain.
Les grands bois et les champs sont de vastes asiles,
Libres comme la mer autour des sombres îles.
Marche à travers les champs une fleur à la main.
…

Lorsque l'enfant paraît...

Victor Hugo

Le recueil, Les Feuilles d'automne *(1831), dont est extrait ce poème, écrit juste avant* Notre-Dame de Paris *et vingt ans avant l'exil, est constitué de vers intimes souvent dominés par une légère mélancolie.*

Lorsque l'enfant paraît, le cercle de famille
Applaudit à grands cris. Son doux regard qui brille
Fait briller tous les yeux,
Et les plus tristes fronts, les plus souillés peut-être,
Se dérident soudain à voir l'enfant paraître,
Innocent et joyeux.

Soit que juin ait verdi mon seuil, ou que novembre
Fasse autour d'un grand feu vacillant dans la chambre
Les chaises se toucher,
Quand l'enfant vient, la joie arrive et nous éclaire.
On rit, on se récrie, on l'appelle, et sa mère
Tremble à le voir marcher.

...

La nuit, quand l'homme dort, quand l'esprit rêve, à l'heure
Où l'on entend gémir, comme une voix qui pleure,
L'onde entre les roseaux,
Si l'aube tout à coup là-bas luit comme un phare,
Sa clarté dans les champs éveille une fanfare
De cloches et d'oiseaux.

Enfant, vous êtes l'aube et mon âme est la plaine
Qui des plus douces fleurs embaume son haleine
Quand vous la respirez ;
Mon âme est la forêt dont les sombres ramures
S'emplissent pour vous seul de suaves murmures
Et de rayons dorés !

Car vos beaux yeux sont pleins de douceurs infinies,
Car vos petites mains, joyeuses et bénies,
N'ont point mal fait encor ;
Jamais vos jeunes pas n'ont touché notre fange,
Tête sacrée ! enfant aux cheveux blonds ! bel ange
À l'auréole d'or !

Vous êtes parmi nous la colombe de l'arche.
Vos pieds tendres et purs n'ont point l'âge où l'on marche ;
Vos ailes sont d'azur.
Sans le comprendre encor vous regardez le monde.
Double virginité ! corps où rien n'est immonde,
Âme où rien n'est impur !

Il est si beau, l'enfant, avec son doux sourire,
Sa douce bonne foi, sa voix qui veut tout dire,
Ses pleurs vite apaisés,
Laissant errer sa vue étonnée et ravie,
Offrant de toutes parts sa jeune âme à la vie
Et sa bouche aux baisers !

Seigneur ! préservez-moi, préservez ceux que j'aime,
Frères, parents, amis, et mes ennemis même
Dans le mal triomphants,
De jamais voir, Seigneur ! l'été sans fleurs vermeilles,
La cage sans oiseaux, la ruche sans abeilles,
La maison sans enfants !

Oceano nox

Victor Hugo

Les Rayons et les Ombres*, dont fait partie le poème* Oceano nox*, comprend 44 textes dans lesquels le poète semble s'élever au-dessus des hommes et les oriente. Ce recueil parut en 1840.*

Oh ! combien de marins, combien de capitaines
Qui sont partis joyeux pour des courses lointaines,
Dans ce morne horizon se sont évanouis !
Combien ont disparu, dure et triste fortune !
Dans une mer sans fond, par une nuit sans lune,
Sous l'aveugle océan à jamais enfouis !

Combien de patrons morts avec leurs équipages !
L'ouragan de leur vie a pris toutes les pages,
Et d'un souffle il a tout dispersé sur les flots !
Nul ne saura leur fin dans l'abîme plongée.
Chaque vague en passant d'un butin s'est chargée ;
L'une a saisi l'esquif, l'autre les matelots !

Nul ne sait votre sort, pauvres têtes perdues !
Vous roulez à travers les sombres étendues,
Heurtant de vos fronts morts des écueils inconnus.
Oh ! que de vieux parents, qui n'avaient plus qu'un rêve,
Sont morts en attendant tous les jours sur la grève
Ceux qui ne sont pas revenus !

On s'entretient de vous parfois dans les veillées.
Maint joyeux cercle, assis sur des ancres rouillées,
Mêle encor quelque temps vos noms d'ombre couverts
Aux rires, aux refrains, aux récits d'aventures,
Aux baisers qu'on dérobe à vos belles futures,
Tandis que vous dormez dans les goémons verts !

On demande : – Où sont-ils ? sont-ils rois dans quelque île ?
Nous ont-ils délaissés pour un bord plus fertile ? –
Puis votre souvenir même est enseveli.
Le corps se perd dans l'eau, le nom dans la mémoire.
Le temps, qui sur toute ombre en verse une plus noire,
Sur le sombre océan jette le sombre oubli.

Bientôt des yeux de tous votre ombre est disparue.
L'un n'a-t-il pas sa barque et l'autre sa charrue ?
Seules, durant ces nuits où l'orage est vainqueur,
Vos veuves aux fronts blancs, lasses de vous attendre,
Parlent encor de vous en remuant la cendre
De leur foyer et de leur cœur !

Et quand la tombe enfin a fermé leur paupière,
Rien ne sait plus vos noms, pas même une humble pierre
Dans l'étroit cimetière où l'écho nous répond,
Pas même un saule vert qui s'effeuille à l'automne,
Pas même la chanson naïve et monotone
Que chante un mendiant à l'angle d'un vieux pont !

Où sont-ils, les marins sombrés dans les nuits noires ?
Ô flots, que vous avez de lugubres histoires !
Flots profonds, redoutés des mères à genoux !
Vous vous les racontez en montant les marées,
Et c'est ce qui vous fait ces voix désespérées
Que vous avez le soir quand vous venez vers nous !

Elle avait pris ce pli…

Victor Hugo

Les Contemplations*, dont est extrait ce poème, parut en 1856. Victor Hugo y rassembla des textes écrits parfois plus de quinze ans auparavant.* Elle avait pris ce pli…*, rédigé le 1er novembre 1846, évoque Léopoldine, une des filles du poète disparue tragiquement.*

Elle avait pris ce pli dans son âge enfantin
De venir dans ma chambre un peu chaque matin;
Je l'attendais ainsi qu'un rayon qu'on espère;
Elle entrait, et disait : « Bonjour, mon petit père »;
Prenait ma plume, ouvrait mes livres, s'asseyait
Sur mon lit, dérangeait mes papiers, et riait,
Puis soudain s'en allait comme un oiseau qui passe.
Alors, je reprenais, la tête un peu moins lasse,
Mon œuvre interrompue, et, tout en écrivant,
Parmi mes manuscrits je rencontrais souvent
Quelque arabesque folle et qu'elle avait tracée,
Et mainte page blanche entre ses mains froissée
Où, je ne sais comment, venaient mes plus doux vers.
Elle aimait Dieu, les fleurs, les astres, les prés verts,
Et c'était un esprit avant d'être une femme.
Son regard reflétait la clarté de son âme.
Elle me consultait sur tout à tous moments.
Oh! que de soirs d'hiver radieux et charmants
Passés à raisonner langue, histoire et grammaire,
Mes quatre enfants groupés sur mes genoux, leur mère
Tout près, quelques amis causant au coin du feu!
J'appelais cette vie être content de peu!
Et dire qu'elle est morte! hélas! que Dieu m'assiste!
Je n'étais jamais gai quand je la sentais triste;
J'étais morne au milieu du bal le plus joyeux
Si j'avais, en partant, vu quelque ombre en ses yeux.

Demain, dès l'aube…

Victor Hugo

Victor Hugo rédigea ce poème à la mémoire de sa fille Léopoldine qui se noya tragiquement, en compagnie de son mari, le 4 septembre 1844. Le poète ne se remit jamais de ce drame.

Demain, dès l'aube, à l'heure où blanchit la campagne,
Je partirai. Vois-tu, je sais que tu m'attends.
J'irai par la forêt, j'irai par la montagne,
Je ne puis demeurer loin de toi plus longtemps.

Je marcherai les yeux fixés sur mes pensées,
Sans rien voir au dehors, sans entendre aucun bruit,
Seul, inconnu, le dos courbé, les mains croisées,
Triste, et le jour pour moi sera comme la nuit.

Je ne regarderai ni l'or du soir qui tombe,
Ni les voiles au loin descendant vers Harfleur,
Et quand j'arriverai, je mettrai sur ta tombe
Un bouquet de houx vert et de bruyère en fleur.

Après la bataille

Victor Hugo

C'est en 1859 que parut La Légende des siècles, *regroupant des textes écrits dès 1850. Hugo entreprend ici son histoire de l'humanité et décrit les luttes humaines.*

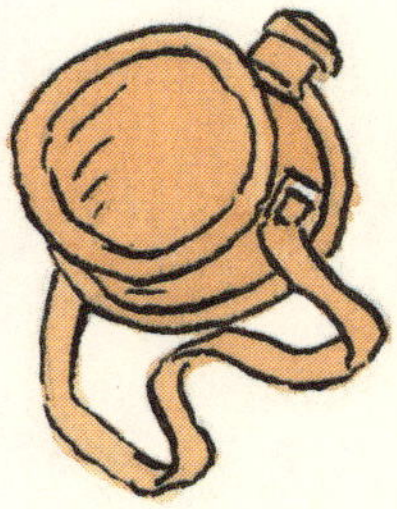

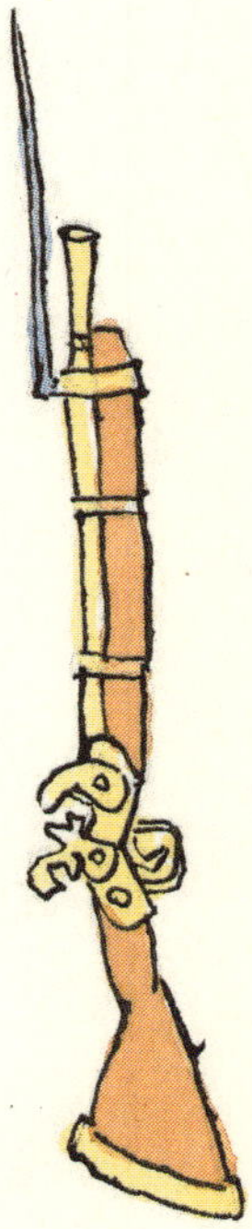

Mon père, ce héros au sourire si doux,
Suivi d'un seul housard qu'il aimait entre tous
Pour sa grande bravoure et pour sa haute taille,
Parcourait à cheval, le soir d'une bataille,
Le champ couvert de morts sur qui tombait la nuit.
Il lui sembla dans l'ombre entendre un faible bruit.
C'était un Espagnol de l'armée en déroute
Qui se traînait sanglant sur le bord de la route,
Râlant, brisé, livide, et mort plus qu'à moitié,
Et qui disait : « À boire ! à boire par pitié ! »
Mon père, ému, tendit à son housard fidèle
Une gourde de rhum qui pendait à sa selle,
Et dit : « Tiens, donne à boire à ce pauvre blessé. »
Tout à coup, au moment où le housard baissé
Se penchait vers lui, l'homme, une espèce de maure,
Saisit un pistolet qu'il étreignait encore,
Et vise au front mon père en criant : « Caramba ! »
Le coup passa si près que le chapeau tomba
Et que le cheval fit un écart en arrière.
« Donne-lui tout de même à boire », dit mon père.

L'expiation

Victor Hugo

C'est sur l'île de Jersey que Victor Hugo rédigea Les Châtiments. *Ce recueil publié à Bruxelles et qui circulera en France "sous le manteau" est animé par la fureur vengeresse que voue le poète à Napoléon III et au "crime" du coup d'État du 2 décembre 1851.*

...

II

Waterloo ! Waterloo ! Waterloo ! morne plaine !
Comme une onde qui bout dans une urne trop pleine,
Dans ton cirque de bois, de coteaux, de vallons,
La pâle mort mêlait les sombres bataillons.
D'un côté c'est l'Europe et de l'autre la France.
Choc sanglant ! des héros Dieu trompait l'espérance ;
Tu désertais, victoire, et le sort était las.
Ô Waterloo ! je pleure et je m'arrête, hélas !
Car ces derniers soldats de la dernière guerre
Furent grands ; ils avaient vaincu toute la terre,
Chassé vingt rois, passé les Alpes et le Rhin,
Et leur âme chantait dans les clairons d'airain !

Le soir tombait ; la lutte était ardente et noire.
Il avait l'offensive et presque la victoire ;
Il tenait Wellington acculé sur un bois.
Sa lunette à la main, il observait parfois
Le centre du combat, point obscur où tressaille
La mêlée, effroyable et vivante broussaille,
Et parfois l'horizon, sombre comme la mer.
Soudain, joyeux, il dit : « Grouchy ! » – C'était Blücher.
L'espoir changea de camp, le combat changea d'âme,
La mêlée en hurlant grandit comme une flamme.
La batterie anglaise écrasa nos carrés.
La plaine, où frissonnaient les drapeaux déchirés,
Ne fut plus, dans les cris des mourants qu'on égorge,
Qu'un gouffre flamboyant, rouge comme une forge ;
Gouffre où les régiments, comme des pans de murs,

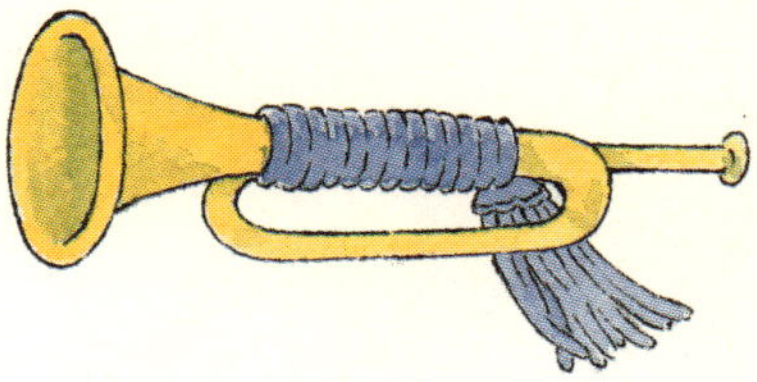

Tombaient, où se couchaient comme des épis mûrs
Les hauts tambours-majors aux panaches énormes,
Où l'on entrevoyait des blessures difformes !
Carnage affreux ! moment fatal ! l'homme inquiet
Sentit que la bataille entre ses mains pliait.
Derrière un mamelon la garde était massée.
La garde, espoir suprême et suprême pensée !
« Allons ! faites donner la garde ! » cria-t-il.
Et, lanciers, grenadiers aux guêtres de coutil,
Dragons que Rome eût pris pour des légionnaires,
Cuirassiers, canonniers qui traînaient des tonnerres,
Portant le noir colback ou le casque poli,
Tous, ceux de Friedland et ceux de Rivoli,
Comprenant qu'ils allaient mourir dans cette fête,
Saluèrent leur dieu, debout dans la tempête.
Leur bouche, d'un seul cri, dit : « Vive l'Empereur ! »
Puis, à pas lents, musique en tête, sans fureur,
Tranquille, souriant à la mitraille anglaise,
La garde impériale entra dans la fournaise.
Hélas ! Napoléon, sur sa garde penché,
Regardait, et, sitôt qu'ils avaient débouché
Sous les sombres canons crachant des jets de soufre,
Voyait, l'un après l'autre, en cet horrible gouffre,
Fondre ces régiments de granit et d'acier
Comme fond une cire au souffle d'un brasier.
Ils allaient, l'arme au bras, front haut, graves, stoïques.
Pas un ne recula. Dormez, morts héroïques !
Le reste de l'armée hésitait sur leurs corps
Et regardait mourir la garde. – C'est alors
Qu'élevant tout à coup sa voix désespérée,
La Déroute, géante à la face effarée
Qui, pâle, épouvantant les plus fiers bataillons,

Changeant subitement les drapeaux en haillons,
À de certains moments, spectre fait de fumées,
Se lève grandissante au milieu des armées,
La Déroute apparut au soldat qui s'émeut,
Et, se tordant les bras, cria : Sauve qui peut!
Sauve qui peut! – affront! horreur! – toutes les bouches
Criaient; à travers champs, fous, éperdus, farouches,
Comme si quelque souffle avait passé sur eux,
Parmi les lourds caissons et les fourgons poudreux,
Roulant dans les fossés, se cachant dans les seigles,
Jetant schakos, manteaux, fusils, jetant les aigles,
Sous les sabres prussiens, ces vétérans, ô deuil!
Tremblaient, hurlaient, pleuraient, couraient! En un clin d'œil,
Comme s'envole au vent une paille enflammée,
S'évanouit ce bruit qui fut la grande armée,
Et cette plaine, hélas, où l'on rêve aujourd'hui,
Vit fuir ceux devant qui l'univers avait fui!
Quarante ans sont passés, et ce coin de la terre,
Waterloo, ce plateau funèbre et solitaire,
Ce champ sinistre où Dieu mêla tant de néants,
Tremble encor d'avoir vu la fuite des géants!
...

La conscience

Victor Hugo

La conscience *fait partie de* La Légende des siècles, *que Victor Hugo rédigea sur l'île de Guernesey. D'inspiration mythologique, historique et sacrée, le recueil se présente comme une suite d'épopées retraçant l'histoire de l'humanité.*

Lorsque avec ses enfants vêtus de peaux de bêtes,
Échevelé, livide au milieu des tempêtes,
Caïn se fut enfui de devant Jéhovah,
Comme le soir tombait, l'homme sombre arriva
Au bas d'une montagne en une grande plaine ;
Sa femme fatiguée et ses fils hors d'haleine
Lui dirent : « Couchons-nous sur la terre, et dormons. »
Caïn, ne dormant pas, songeait au pied des monts.
Ayant levé la tête, au fond des cieux funèbres,
Il vit un œil, tout grand ouvert dans les ténèbres,
Et qui le regardait dans l'ombre fixement.
« Je suis trop près », dit-il avec un tremblement.
Il réveilla ses fils dormant, sa femme lasse,
Et se remit à fuir sinistre dans l'espace.
Il marcha trente jours, il marcha trente nuits.
Il allait, muet, pâle et frémissant aux bruits,
Furtif, sans regarder derrière lui, sans trêve,
Sans repos, sans sommeil ; il atteignit la grève
Des mers dans le pays qui fut depuis Assur.
« Arrêtons-nous, dit-il, car cet asile est sûr.
Restons-y. Nous avons du monde atteint les bornes. »
Et, comme il s'asseyait, il vit dans les cieux mornes
L'œil à la même place au fond de l'horizon.
Alors il tressaillit en proie au noir frisson.
« Cachez-moi ! » cria-t-il ; et, le doigt sur la bouche,
Tous ses fils regardaient trembler l'aïeul farouche.
Caïn dit à Jabel, père de ceux qui vont
Sous des tentes de poil dans le désert profond :
« Étends de ce côté la toile de la tente. »
Et l'on développa la muraille flottante ;

Et, quand on l'eut fixée avec des poids de plomb :
« Vous ne voyez plus rien ? » dit Tsilla, l'enfant blond,
La fille de ses fils, douce comme l'aurore ;
Et Caïn répondit : « Je vois cet œil encore ! »
Jubal, père de ceux qui passent dans les bourgs
Soufflant dans des clairons et frappant des tambours,
Cria : « Je saurai bien construire une barrière. »
Il fit un mur de bronze et mit Caïn derrière.
Et Caïn dit : « Cet œil me regarde toujours ! »
Hénoch dit : « Il faut faire une enceinte de tours
Si terrible, que rien ne puisse approcher d'elle.
Bâtissons une ville avec sa citadelle,
Bâtissons une ville et nous la fermerons. »
Alors Tubalcaïn, père des forgerons,
Construisit une ville énorme et surhumaine.
Pendant qu'il travaillait, ses frères, dans la plaine,
Chassaient les fils d'Enos et les enfants de Seth ;
Et l'on crevait les yeux à quiconque passait ;
Et, le soir, on lançait des flèches aux étoiles.
Le granit remplaça la tente aux murs de toiles,

On lia chaque bloc avec des nœuds de fer,
Et la ville semblait une ville d'enfer ;
L'ombre des tours faisait la nuit dans les campagnes ;
Ils donnèrent aux murs l'épaisseur des montagnes ;
Sur la porte on grava : « Défense à Dieu d'entrer. »
Quand ils eurent fini de clore et de murer,
On mit l'aïeul au centre en une tour de pierre ;
Et lui restait lugubre et hagard. « Ô mon père !
L'œil a-t-il disparu ? » dit en tremblant Tsilla.
Et Caïn répondit : « Non, il est toujours là ».
Alors il dit : « Je veux habiter sous la terre
Comme dans son sépulcre un homme solitaire ;
Rien ne me verra plus, je ne verrai plus rien. »
On fit donc une fosse, et Caïn dit « c'est bien ! »
Puis il descendit seul sous cette voûte sombre.
Quand il se fut assis sur sa chaise dans l'ombre
Et qu'on eut sur son front fermé le souterrain,
L'œil était dans la tombe et regardait Caïn.

Jeanne était au pain sec...

Victor Hugo

Ce poème date de 1878. Il fait partie du recueil L'Art d'être grand-père *dans lequel Hugo rassemble les textes que lui ont inspirés Jeanne et Georges, ses deux petits-enfants.*

Jeanne était au pain sec dans le cabinet noir,
Pour un crime quelconque, et, manquant au devoir,
J'allai voir la proscrite en pleine forfaiture,
Et lui glissai dans l'ombre un pot de confiture
Contraire aux lois. Tous ceux sur qui, dans ma cité,
Repose le salut de la société,
S'indignèrent, et Jeanne a dit d'une voix douce :
« Je ne toucherai plus mon nez avec mon pouce ;
Je ne me ferai plus griffer par le minet. »
Mais on s'est récrié : « Cette enfant vous connaît ;
Elle sait à quel point vous êtes faible et lâche.
Elle vous voit toujours rire quand on se fâche.
Pas de gouvernement possible. À chaque instant
L'ordre est troublé par vous ; le pouvoir se détend ;
Plus de règle. L'enfant n'a plus rien qui l'arrête.
Vous démolissez tout. » Et j'ai baissé la tête,
Et j'ai dit : « Je n'ai rien à répondre à cela,
J'ai tort. Oui, c'est avec ces indulgences-là
Qu'on a toujours conduit les peuples à leur perte.
Qu'on me mette au pain sec. – Vous le méritez, certe,
On vous y mettra. » Jeanne alors, dans son coin noir,
M'a dit tout bas, levant ses yeux si beaux à voir,
Pleins de l'autorité des douces créatures :
« Eh bien, moi, je t'irai porter des confitures. »

El Desdichado

Gérard de Nerval

Extrait des Chimères, El Desdichado, *qui ouvre le recueil, s'inspire de l'Antiquité. Les onze autres* Chimères *qui suivent nous conduisent jusqu'au* XIXe *siècle.* Desdichado *est un mot espagnol qui signifie "déshérité".*

Je suis le Ténébreux, – le Veuf, – L'Inconsolé,
Le Prince d'Aquitaine à la Tour abolie :
Ma seule Étoile est morte, – et mon luth constellé
Porte le Soleil noir de la Mélancolie.

Dans la nuit du Tombeau, Toi qui m'as consolé,
Rends-moi le Pausilippe et la mer d'Italie,
La fleur qui plaisait tant à mon cœur désolé,
Et la treille où le Pampre à la Rose s'allie.

Suis-je Amour ou Phœbus ?… Lusignan ou Biron ?
Mon front est rouge encor du baiser de la Reine ;
J'ai rêvé dans la Grotte où nage la Syrène…

Et j'ai deux fois vainqueur traversé l'Achéron :
Modulant tour à tour sur la lyre d'Orphée
Les soupirs de la Sainte et les cris de la Fée.

Une allée du Luxembourg

Gérard de Nerval

En 1832, ce poème parut dans L'Almanach des Muses.

Elle a passé, la jeune fille
Vive et preste comme un oiseau :
À la main une fleur qui brille,
À la bouche un refrain nouveau.

C'est peut-être la seule au monde
Dont le cœur au mien répondrait,
Qui venant dans ma nuit profonde
D'un seul regard l'éclaircirait !

Mais non, – ma jeunesse est finie…
Adieu, doux rayon qui m'as lui, –
Parfum, jeune fille, harmonie…
Le bonheur passait, – il a fui !

Fantaisie

Gérard de Nerval

Fantaisie, *extrait des* Odelettes, *fut publié pour la première fois en 1832 dans la revue* Les Annales romantiques. *Comme chez Gautier et Baudelaire, la vie antérieure sera l'un des thèmes majeurs de la poésie nervalienne.*

Il est un air pour qui je donnerais
Tout Rossini, tout Mozart et tout Weber,
Un air très vieux, languissant et funèbre,
Qui pour moi seul a des charmes secrets !

Or, chaque fois que je viens à l'entendre,
De deux cents ans mon âme rajeunit...
C'est sous Louis – Treize... – et je crois voir s'étendre
Un coteau vert, que le couchant jaunit,

Puis un château de brique à coins de pierre,
Aux vitraux teints de rougeâtres couleurs,
Ceint de grands parcs, avec une rivière
Baignant ses pieds, qui coule entre des fleurs ;

Puis une dame, à sa haute fenêtre,
Blonde aux yeux noirs, en ses habits anciens,
Que, dans une autre existence peut-être,
J'ai déjà vue... et dont je me souviens !

Ballade à la lune

Alfred de Musset

Écrite en 1829, Ballade à la lune, *poésie extraite du recueil* Contes d'Espagne et d'Italie, *fut dénoncée pour son "outrance romantique" par les classiques. Musset a dix-neuf ans quand il rédige ce texte.*

C'était, dans la nuit brune,
Sur le clocher jauni,
La lune
Comme un point sur un i.

Lune, quel esprit sombre
Promène au bout d'un fil,
Dans l'ombre,
Ta face et ton profil ?

Es-tu l'œil du ciel borgne ?
Quel chérubin cafard
Nous lorgne
Sous ton masque blafard ?

N'es-tu rien qu'une boule,
Qu'un grand faucheux bien gras
Qui roule
Sans pattes et sans bras ?

Es-tu, je t'en soupçonne,
Le vieux cadran de fer
Qui sonne
L'heure aux damnés d'enfer ?

Sur ton front qui voyage.
Ce soir ont-ils compté
Quel âge
A leur éternité ?

Est-ce un ver qui te ronge
Quand ton disque noirci
S'allonge
En croissant rétréci ?

Qui t'avait éborgnée,
L'autre nuit ? T'étais-tu
Cognée
À quelque arbre pointu ?

Car tu vins, pâle et morne,
Coller sur mes carreaux
Ta corne
À travers les barreaux.

Va, lune moribonde,
Le beau corps de Phébé
La blonde
Dans la mer est tombé.

Tu n'en es que la face
Et déjà, tout ridé,
S'efface
Ton front dépossédé…

Lune, en notre mémoire,
De tes belles amours
L'histoire
T'embellira toujours.

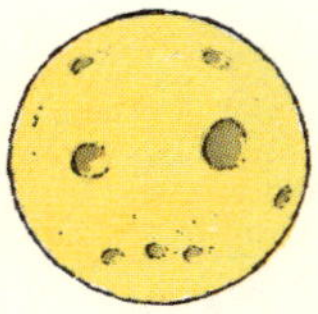

Et toujours rajeunie,
Tu seras du passant
Bénie,
Pleine lune ou croissant.

T'aimera le vieux pâtre,
Seul, tandis qu'à ton front
D'albâtre,
Ses dogues aboieront.

T'aimera le pilote,
Dans son grand bâtiment
Qui flotte
Sous le clair firmament.

Et la fillette preste
Qui passe le buisson,
Pied leste,
En chantant sa chanson…

Et qu'il vente ou qu'il neige,
Moi-même, chaque soir,
Que fais-je
Venant ici m'asseoir ?

Je viens voir à la brune,
Sur le clocher jauni,
La lune
Comme un point sur un i.

La nuit de mai

Alfred de Musset

En deux nuits de mai 1835, Musset compose ce poème, dont il a puisé l'inspiration dans sa rupture avec George Sand.

…

Les plus désespérés sont les chants les plus beaux,
Et j'en sais d'immortels qui sont de purs sanglots.
Lorsque le pélican, lassé d'un long voyage,
Dans les brouillards du soir retourne à ses roseaux,
Ses petits affamés courent sur le rivage
En le voyant au loin s'abattre sur les eaux.
Déjà, croyant saisir et partager leur proie,
Ils courent à leur père avec des cris de joie
En secouant leurs becs sur leurs goitres hideux.
Lui, gagnant à pas lents une roche élevée,
De son aile pendante abritant sa couvée,
Pêcheur mélancolique, il regarde les cieux.
Le sang coule à longs flots de sa poitrine ouverte ;
En vain il a des mers fouillé la profondeur :
L'Océan était vide et la plage déserte ;
Pour toute nourriture, il apporte son cœur.
Sombre et silencieux, étendu sur la pierre,
Partageant à ses fils ses entrailles de père,
Dans son amour sublime il berce sa douleur,
Et, regardant couler sa sanglante mamelle,
Sur son festin de mort il s'affaisse et chancelle,
Ivre de volupté, de tendresse et d'horreur.
Mais parfois, au milieu du divin sacrifice,
Fatigué de mourir dans un trop long supplice,
Il craint que ses enfants ne le laissent vivant ;
Alors il se soulève, ouvre son aile au vent,
Et, se frappant le cœur avec un cri sauvage,
Il pousse dans la nuit un si funèbre adieu,

Que les oiseaux des mers désertent le rivage,
Et que le voyageur attardé sur la plage,
Sentant passer la mort, se recommande à Dieu.
Poète, c'est ainsi que font les grands poètes.
Ils laissent s'égayer ceux qui vivent un temps ;
Mais les festins humains qu'ils servent à leurs fêtes
Ressemblent la plupart à ceux des pélicans.
Quand ils parlent ainsi d'espérances trompées,
De tristesse et d'oubli, d'amour et de malheur,
Ce n'est pas un concert à dilater le cœur.
Leurs déclamations sont comme des épées :
Elles tracent dans l'air un cercle éblouissant,
Mais il y pend toujours quelque goutte de sang.
...

La nuit de décembre

Alfred de Musset

Dans La nuit de décembre *(1835), Musset aborde le thème du double, qui donne toute sa force au texte.*

Du temps que j'étais écolier,
Je restais un soir à veiller
Dans notre salle solitaire.
Devant ma table vint s'asseoir
Un pauvre enfant vêtu de noir,
Qui me ressemblait comme un frère.

Son visage était triste et beau.
À la lueur de mon flambeau,
Dans mon livre ouvert il vint lire.
Il pencha son front sur ma main,
Et resta jusqu'au lendemain,
Pensif, avec un doux sourire.

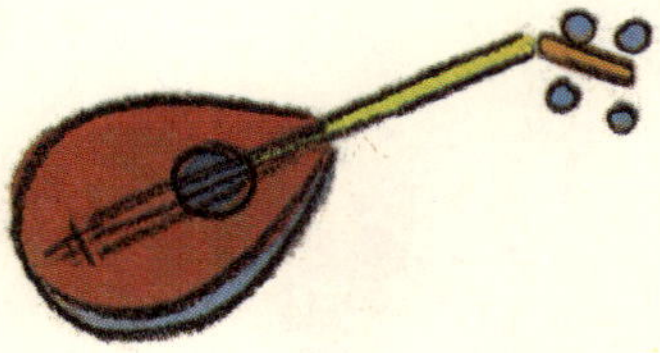

Comme j'allais avoir quinze ans
Je marchais un jour, à pas lents,
Dans un bois, sur une bruyère.
Au pied d'un arbre vint s'asseoir
Un jeune homme vêtu de noir,
Qui me ressemblait comme un frère.

Je lui demandai mon chemin;
Il tenait un luth d'une main,
De l'autre un bouquet d'églantine.
Il me fit un salut d'ami,
Et, se détournant à demi,
Me montra du doigt la colline.

À l'âge où l'on croit à l'amour,
J'étais seul dans ma chambre un jour,
Pleurant ma première misère.
Au coin de mon feu vint s'asseoir
Un étranger vêtu de noir,
Qui me ressemblait comme un frère.

Il était morne et soucieux ;
D'une main il montrait les cieux,
Et de l'autre il tenait un glaive.
De ma peine il semblait souffrir,
Mais il ne poussa qu'un soupir,
Et s'évanouit comme un rêve.

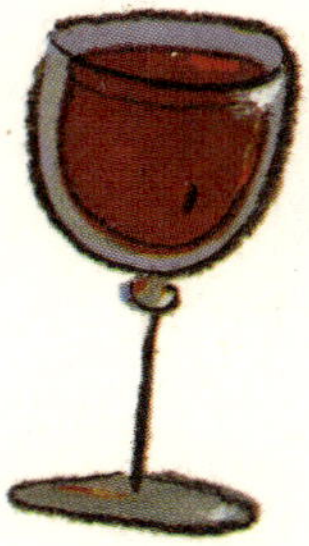

À l'âge où l'on est libertin,
Pour boire un toast en un festin,
Un jour je soulevai mon verre.
En face de moi vint s'asseoir
Un convive vêtu de noir,
Qui me ressemblait comme un frère.

Il secouait sous son manteau
Un haillon de pourpre en lambeau,
Sur sa tête un myrte stérile.
Son bras maigre cherchait le mien,
Et mon verre, en touchant le sien,
Se brisa dans ma main débile.

Un an après, il était nuit;
J'étais à genoux près du lit
Où venait de mourir mon père.
Au chevet du lit vint s'asseoir
Un orphelin vêtu de noir,
Qui me ressemblait comme un frère.

Ses yeux étaient noyés de pleurs;
Comme les anges de douleurs,
Il était couronné d'épine;
Son luth à terre était gisant,
Sa pourpre de couleur de sang,
Et son glaive dans sa poitrine.
…

Le coin du feu

Théophile Gautier

Son premier recueil Poésies, *dont est extrait* Le coin du feu, *paraît en 1830. Gautier, lyrique à ses débuts, produira une œuvre de plus en plus ironique.*

Que la pluie à déluge au long des toits ruisselle !
Que l'orme du chemin penche, craque et chancelle
Au gré du tourbillon dont il reçoit le choc !
Que du haut des glaciers l'avalanche s'écroule !
Que le torrent aboie au fond du gouffre, et roule
Avec ses flots fangeux de lourds quartiers de roc !

Qu'il gèle ! et qu'à grand bruit, sans relâche, la grêle
De grains rebondissants fouette la vitre frêle !
Que la bise d'hiver se fatigue à gémir !
Qu'importe ? N'ai-je pas un feu clair dans mon âtre,
Sur mes genoux un chat qui se joue et folâtre,
Un livre pour veiller, un fauteuil pour dormir ?

Le chant du grillon

Théophile Gautier

Lorsqu'il rédige son premier recueil de poèmes, Poésies, *Théophile Gautier a dix-neuf ans. On le considère comme le trait d'union entre les romantiques et les parnassiens.*

Souffle, bise ! tombe à flots, pluie !
Dans mon palais tout noir de suie,
Je ris de la pluie et du vent ;
En attendant que l'hiver fuie,
Je reste au coin du feu, rêvant.

C'est moi qui suis l'esprit de l'âtre !
Le gaz, de sa flamme bleuâtre,
Lèche plus doucement le bois ;
La fumée, en filet d'albâtre,
Monte et se contourne à ma voix.

La bouilloire rit et babille ;
La flamme aux pieds d'argent sautille
En accompagnant ma chanson ;
La bûche, de duvet s'habille ;
La sève bout dans le tison.

Du fond de ma cellule noire,
Quand Berthe vous conte une histoire,
Le Chaperon ou *l'Oiseau bleu*,
C'est moi qui soutiens sa mémoire,
C'est moi qui fais taire le feu.

J'étouffe le bruit monotone
Du rouet qui grince et bourdonne ;
J'impose silence au matou ;
Les heures s'en vont, et personne
N'entend le timbre du coucou.

Souffle, bise ! Tombe à flots, pluie !
Dans mon palais tout noir de suie,
Je ris de la pluie et du vent ;
En attendant que l'hiver fuie,
Je reste au coin du feu, rêvant.

Midi

Charles-Marie Leconte de Lisle

Dans ses Poèmes Antiques *(publiés en 1852), Leconte de Lisle s'inspire de textes de poètes hindous ainsi que des légendes grecques.*

Midi, roi des étés, épandu sur la plaine,
Tombe en nappes d'argent, des hauteurs du ciel bleu.
Tout se tait. L'air flamboie et brûle sans haleine ;
La Terre est assoupie en sa robe de feu.

L'étendue est immense, et les champs n'ont point d'ombre,
Et la source est tarie où buvaient les troupeaux,
La lointaine forêt, dont la lisière est sombre,
Dort là-bas, immobile, en un pesant repos.

Seuls, les grands blés mûris, tels qu'une mer dorée,
Se déroulent au loin, dédaigneux du sommeil ;
Pacifiques enfants de la Terre sacrée,
Ils épuisent sans peur la coupe du Soleil.

Parfois, comme un soupir de leur âme brûlante,
Du sein des épis lourds qui murmurent entre eux,
Une ondulation majestueuse et lente
S'éveille, et va mourir à l'horizon poudreux.

Non loin, quelques bœufs blancs, couchés parmi les herbes,
Bavent avec lenteur sur leurs fanons épais,
Et suivent de leurs yeux languissants et superbes
Le songe intérieur qu'ils n'achèvent jamais.

Homme, si, le cœur plein de joie ou d'amertume,
Tu passais vers midi dans les champs radieux,
Fuis ! la Nature est vide et le Soleil consume :
Rien n'est vivant ici, rien n'est triste ou joyeux.

Mais si, désabusé des larmes et du rire,
Altéré de l'oubli de ce monde agité,
Tu veux, ne sachant plus pardonner ou maudire,
Goûter une suprême et morne volupté,

Viens ! Le Soleil te parle en paroles sublimes ;
Dans sa flamme implacable absorbe-toi sans fin ;
Et retourne à pas lents vers les cités infimes,
Le cœur trempé sept fois dans le Néant divin.

La mort du soleil

Charles-Marie Leconte de Lisle

Les Poèmes Barbares, *dont est extrait ce texte, furent publiés en 1862. Leconte de Lisle fut l'un des poètes qui formèrent le groupe des parnassiens.*

Le vent d'automne, aux bruits lointains des mers pareil,
Plein d'adieux solennels, de plaintes inconnues,
Balance tristement le long des avenues
Les lourds massifs rougis de ton sang, ô soleil !

La feuille en tourbillons s'envole par les nues ;
Et l'on voit osciller, dans un fleuve vermeil,
Aux approches du soir inclinés au sommeil,
De grands nids teints de pourpre au bout des branches nues.

Tombe, Astre glorieux, source et flambeau du jour !
Ta gloire en nappes d'or coule de ta blessure,
Comme d'un sein puissant tombe un suprême amour.

Meurs donc, tu renaîtras ! L'espérance en est sûre.
Mais qui rendra la vie et la flamme et la voix
Au cœur qui s'est brisé pour la dernière fois ?

Le sommeil du condor

Charles-Marie Leconte de Lisle

Dans ses Poèmes Barbares, *Leconte de Lisle dépeint son dégoût du monde moderne. Il va puiser dans ses souvenirs d'enfance (il est né à la Réunion) et dans les textes du passé les thèmes de son recueil.*

Par-delà l'escalier des roides Cordillères,
Par-delà les brouillards hantés des aigles noirs,
Plus haut que les sommets creusés en entonnoir
Où bout le flux sanglant des laves familières,
L'envergure pendante et rouge par endroits,
Le vaste Oiseau, tout plein d'une morne indolence,
Regarde l'Amérique et l'espace en silence,
Et le sombre soleil qui meurt dans ses yeux froids.
La nuit roule de l'Est, où les pampas sauvages
Sous les monts étagés s'élargissent sans fin ;
Elle endort le Chili, les villes, les rivages,
Et la mer Pacifique et l'horizon divin ;
Du continent muet elle s'est emparée ;
Des sables aux coteaux, des gorges aux versants,
De cime en cime, elle enfle, en tourbillons croissants,
Le lourd débordement de sa haute marée.
Lui, comme un spectre, seul, au front du pic altier,
Baigné d'une lueur qui saigne sur la neige,
Il attend cette mer sinistre qui l'assiège :
Elle arrive, déferle, et le couvre en entier.
Dans l'abîme sans fond la Croix australe allume
Sur les côtes du ciel son phare constellé.
Il râle de plaisir, il agite sa plume,
Il érige son cou musculeux et pelé,
Il s'enlève en fouettant l'âpre neige des Andes,
Et, loin du globe noir, loin de l'astre vivant,
Il dort dans l'air glacé, les ailes toutes grandes.

Les elfes

Charles-Marie Leconte de Lisle

Dans les dernières strophes des Elfes, *Leconte de Lisle fait preuve d'une mélancolie désespérée.*

Couronnés de thym et de marjolaine,
Les Elfes joyeux dansent sur la plaine.

Du sentier des bois aux daims familier,
Sur un noir cheval, sort un chevalier.
Son éperon d'or brille en la nuit brune ;
Et, quand il traverse un rayon de lune,
On voit resplendir, d'un reflet changeant,
Sur sa chevelure un casque d'argent.

Couronnés de thym et de marjolaine,
Les Elfes joyeux dansent sur la plaine.

Ils l'entourent tous d'un essaim léger
Qui dans l'air muet semble voltiger.
« Hardi chevalier, par la nuit sereine,
Où vas-tu si tard ? dit la jeune Reine.
De mauvais esprits hantent les forêts ;
Viens danser plutôt sur les gazons frais. »

Couronnés de thym et de marjolaine,
Les Elfes joyeux dansent sur la plaine.

« Non, ma fiancée aux yeux clairs et doux
M'attend, et demain nous serons époux.
Laissez-moi passer, Elfes des prairies,
Qui foulez en rond les mousses fleuries ;
Ne m'attardez pas loin de mon amour,
Car voici déjà les lueurs du jour. »

Couronnés de thym et de marjolaine,
Les Elfes joyeux dansent sur la plaine.

« Reste, chevalier. Je te donnerai
L'opale magique et l'anneau doré,
Et, ce qui vaut mieux que gloire et fortune,
Ma robe filée au clair de lune.
– Non ! dit-il. – Va donc ! » Et de son doigt blanc
Elle touche au cœur le guerrier tremblant.

Couronnés de thym et de marjolaine,
Les Elfes joyeux dansent sur la plaine.

Et sous l'éperon le noir cheval part.
Il court, il bondit et va sans retard ;
Mais le chevalier frissonne et se penche ;
Il voit sur la route une forme blanche
Qui marche sans bruit et lui tend les bras ;
« Elfe, esprit, démon, ne m'arrête pas ! »

Couronnés de thym et de marjolaine,
Les Elfes joyeux dansent sur la plaine.

« Ne m'arrête pas, fantôme odieux !
Je vais épouser ma belle aux doux yeux.
– Ô mon cher époux, la tombe éternelle
Sera notre lit de noce, dit-elle.
Je suis morte ! » Et lui, la voyant ainsi,
D'angoisse et d'amour tombe mort aussi.

Couronnés de thym et de marjolaine,
Les Elfes joyeux dansent sur la plaine.

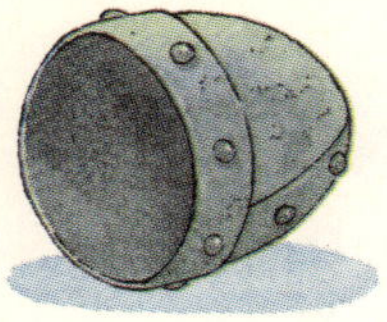

L'homme et la mer

Charles Baudelaire

Les Fleurs du mal, *dont sont extraits les poèmes de cette anthologie, sont dédiées à Théophile Gautier que Baudelaire considéra comme le plus grand poète de l'époque.*

Homme libre, toujours tu chériras la mer !
La mer est ton miroir ; tu contemples ton âme
Dans le déroulement infini de sa lame,
Et ton esprit n'est pas un gouffre moins amer.

Tu te plais à plonger au sein de ton image ;
Tu l'embrasses des yeux et des bras, et ton cœur
Se distrait quelquefois de sa propre rumeur
Au bruit de cette plainte indomptable et sauvage.

Vous êtes tous les deux ténébreux et discrets :
Homme, nul n'a sondé le fond de tes abîmes,
Ô mer, nul ne connaît tes richesses intimes,
Tant vous êtes jaloux de garder vos secrets !

Et cependant voilà des siècles innombrables
Que vous vous combattez sans pitié ni remords,
Tellement vous aimez le carnage et la mort,
Ô lutteurs éternels, ô frères implacables !

L'invitation au voyage

Charles Baudelaire

Ce poème, un des plus célèbres de Baudelaire, fut plus tard mis en musique par Francis Poulenc.

Mon enfant, ma sœur,
Songe à la douceur
D'aller là-bas vivre ensemble !
Aimer à loisir,
Aimer et mourir
Au pays qui te ressemble !
Les soleils mouillés
De ces ciels brouillés
Pour mon esprit ont les charmes
Si mystérieux
De tes traîtres yeux,
Brillant à travers leurs larmes.

Là, tout n'est qu'ordre et beauté,
Luxe, calme et volupté.

Des meubles luisants,
Polis par les ans,
Décoreraient notre chambre ;
Les plus rares fleurs
Mêlant leurs odeurs
Aux vagues senteurs de l'ambre,
Les riches plafonds,
Les miroirs profonds,
La splendeur orientale,
Tout y parlerait
À l'âme en secret
Sa douce langue natale.

Là, tout n'est qu'ordre et beauté,
Luxe, calme et volupté.

Vois sur ces canaux
Dormir ces vaisseaux
Dont l'humeur est vagabonde ;
C'est pour assouvir
Ton moindre désir
Qu'ils viennent du bout du monde.
Les soleils couchants
Revêtent les champs,
Les canaux, la ville entière,
D'hyacinthe et d'or ;
Le monde s'endort
Dans une chaude lumière.

Là, tout n'est qu'ordre et beauté,
Luxe, calme et volupté.

La vie antérieure

Charles Baudelaire

Ce poème fait partie de la troisième édition des Fleurs du mal *parue en 1868 après la mort du poète. La vie antérieure, où tout serait harmonie et correspondance, est un des thèmes majeurs de la poésie baudelairienne.*

J’ai longtemps habité sous de vastes portiques
Que les soleils marins teignaient de mille feux
Et que leurs grands piliers, droits et majestueux,
Rendaient pareils, le soir, aux grottes basaltiques.

Les houles, en roulant les images des cieux,
Mêlaient d’une façon solennelle et mystique
Les tout-puissants accords de leur riche musique
Aux couleurs du couchant reflété par mes yeux.

C’est là que j’ai vécu dans les voluptés calmes,
Au milieu de l’azur, des vagues, des splendeurs
Et des esclaves nus, tout imprégnés d’odeurs,

Qui me rafraîchissaient le front avec des palmes,
Et dont l’unique soin était d’approfondir
Le secret douloureux qui me faisait languir.

Le chat

Charles Baudelaire

En 1857, les poèmes de Baudelaire paraissent en recueil sous le titre Les Fleurs du mal. *Mais aussitôt, Baudelaire fut poursuivi pour "outrage à la morale publique et aux bonnes mœurs". Six poèmes furent supprimés de l'ouvrage.*

Dans ma cervelle se promène,
Ainsi qu'en son appartement,
Un beau chat, fort, doux et charmant.
Quand il miaule, on l'entend à peine,

Tant son timbre est tendre et discret ;
Mais que sa voix s'apaise ou gronde,
Elle est toujours riche et profonde.
C'est là son charme et son secret.

Cette voix, qui perle et qui filtre
Dans mon fond le plus ténébreux,
Me remplit comme un vers nombreux
Et me réjouit comme un philtre.

Elle endort les plus cruels maux
Et contient toutes les extases ;
Pour dire les plus longues phrases,
Elle n'a pas besoin de mots.

Non, il n'est pas d'archet qui morde
Sur mon cœur, parfait instrument,
Et fasse plus royalement
Chanter sa plus vibrante corde,

Que ta voix, chat mystérieux,
Chat séraphique, chat étrange,
En qui tout est, comme en un ange,
Aussi subtil qu'harmonieux !

De sa fourrure blonde et brune
Sort un parfum si doux, qu'un soir
J'en fus embaumé, pour l'avoir
Caressée une fois, rien qu'une.

C'est l'esprit familier du lieu ;
Il juge, il préside, il inspire
Toutes choses dans son empire :
Peut-être est-il fée, est-il dieu.

Quand mes yeux, vers ce chat que j'aime
Tirés comme par un aimant,
Se retournent docilement
Et que je regarde en moi-même,

Je vois avec étonnement
Le feu de ses prunelles pâles,
Clairs fanaux, vivantes opales,
Qui me contemplent fixement.

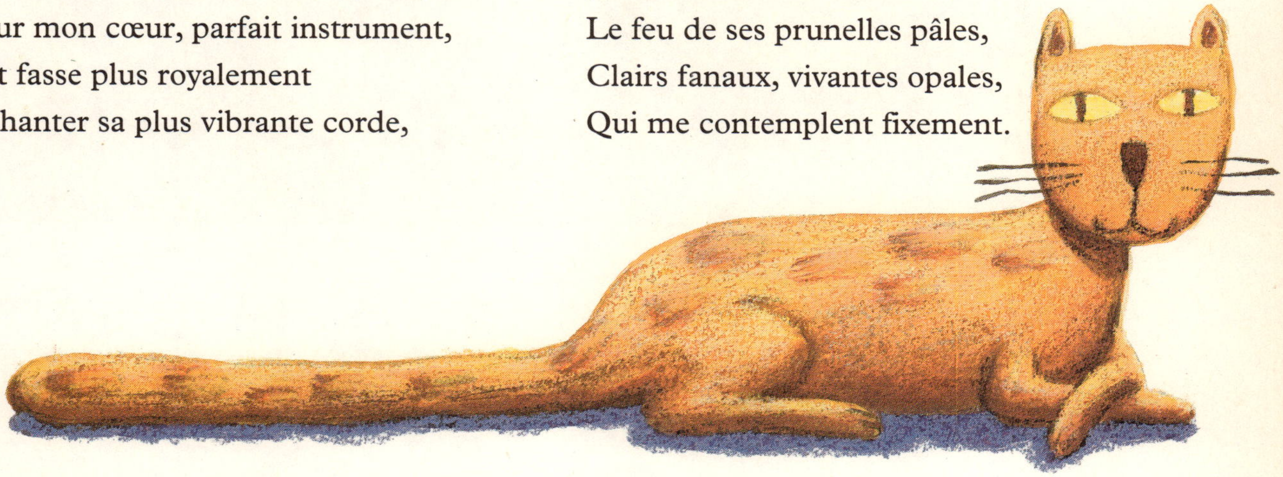

Spleen

Charles Baudelaire

Baudelaire a titré quatre de ses poèmes Spleen. *Celui-ci est le dernier des quatre textes nourris de ce sentiment d'angoisse qu'il connut toute sa vie.*

Quand le ciel bas et lourd pèse comme un couvercle
Sur l'esprit gémissant en proie aux longs ennuis,
Et que de l'horizon embrassant tout le cercle
Il nous verse un jour noir plus triste que les nuits ;

Quand la terre est changée en un cachot humide,
Où l'Espérance, comme une chauve-souris,
S'en va battant les murs de son aile timide
Et se cognant la tête à des plafonds pourris ;

Quand la pluie étalant ses immenses traînées
D'une vaste prison imite les barreaux,
Et qu'un peuple muet d'infâmes araignées
Vient tendre ses filets au fond de nos cerveaux,

Des cloches tout à coup sautent avec furie
Et lancent vers le ciel un affreux hurlement,
Ainsi que des esprits errants et sans patrie
Qui se mettent à geindre opiniâtrement.

– Et de longs corbillards, sans tambours ni musique,
Défilent lentement dans mon âme ; l'Espoir,
Vaincu, pleure et l'Angoisse atroce, despotique,
Sur mon crâne incliné plante son drapeau noir.

La servante au grand cœur...

Charles Baudelaire

La servante dont parle Baudelaire dans son poème fut une domestique, Mariette, employée par la mère de l'auteur, et qui le consola enfant lors du remariage de celle-ci avec le commandant Aupick.

La servante au grand cœur dont vous étiez jalouse,
Et qui dort son sommeil sous une humble pelouse,
Nous devrions pourtant lui porter quelques fleurs,
Les morts, les pauvres morts, ont de grandes douleurs ;
Et quand Octobre souffle, émondeur des vieux arbres,
Son vent mélancolique à l'entour de leurs marbres,
Certe, ils doivent trouver les vivants bien ingrats,
À dormir, comme ils font, chaudement dans leurs draps,
Tandis que, dévorés de noires songeries,
Sans compagnon de lit, sans bonnes causeries,
Vieux squelettes gelés travaillés par le ver,
Ils sentent s'égoutter les neiges de l'hiver
Et le siècle couler, sans qu'amis ni famille
Remplacent les lambeaux qui pendent à leur grille.

Lorsque la bûche siffle et chante, si le soir,
Calme, dans le fauteuil je la voyais s'asseoir,
Si, par une nuit bleue et froide de décembre,
Je la trouvais tapie en un coin de ma chambre,
Grave, et venant du fond de son lit éternel
Couver l'enfant grandi de son œil maternel,
Que pourrais-je répondre à cette âme pieuse,
Voyant tomber des pleurs de sa paupière creuse ?

Harmonie du soir

Charles Baudelaire

Ce poème reprend un principe de forme fixe empruntée à Victor Hugo et souvent repris par Leconte de Lisle. Il consiste ici essentiellement en un système de répétition de vers.

Voici venir les temps où vibrant sur sa tige
Chaque fleur s'évapore ainsi qu'un encensoir,
Les sons et les parfums tournent dans l'air du soir;
Valse mélancolique et langoureux vertige!

Chaque fleur s'évapore ainsi qu'un encensoir;
Le violon frémit comme un cœur qu'on afflige;
Valse mélancolique et langoureux vertige!
Le ciel est triste et beau comme un grand reposoir.

Le violon frémit comme un cœur qu'on afflige,
Un cœur tendre, qui hait le néant vaste et noir!
Le ciel est triste et beau comme un grand reposoir;
Le soleil s'est noyé dans son sang qui se fige.

Un cœur tendre, qui hait le néant vaste et noir,
Du passé lumineux recueille tout vestige!
Le soleil s'est noyé dans son sang qui se fige...
Ton souvenir en moi luit comme un ostensoir!

L'albatros

Charles Baudelaire

Ce poème aurait pour origine un souvenir réel, vécu par Baudelaire lors de son voyage à la Réunion. Sa comparaison du poète avec l'albatros s'oppose à celle des romantiques qui se comparaient plus volontiers à des aigles royaux.

Souvent, pour s'amuser, les hommes d'équipage
Prennent des albatros, vastes oiseaux des mers,
Qui suivent, indolents compagnons de voyage,
Le navire glissant sur les gouffres amers.

À peine les ont-ils déposés sur les planches,
Que ces rois de l'azur, maladroits et honteux,
Laissent piteusement leurs grandes ailes blanches
Comme des avirons traîner à côté d'eux.

Ce voyageur ailé, comme il est gauche et veule !
Lui, naguère si beau, qu'il est comique et laid !
L'un agace son bec avec un brûle-gueule,
L'autre mime, en boitant, l'infirme qui volait !

Le Poète est semblable au prince des nuées
Qui hante la tempête et se rit de l'archer ;
Exilé sur le sol au milieu des huées,
Ses ailes de géant l'empêchent de marcher.

Recueillement

Charles Baudelaire

Paru après la deuxième édition des Fleurs du mal, *ce poème par son réalisme macabre a quelques accents qui font songer à François Villon.*

Sois sage, ô ma Douleur, et tiens-toi plus tranquille.
Tu réclamais le Soir ; il descend ; le voici :
Une atmosphère obscure enveloppe la ville,
Aux uns portant la paix, aux autres le souci.

Pendant que des mortels la multitude vile,
Sous le fouet du Plaisir, ce bourreau sans merci,
Va cueillir des remords dans la fête servile,
Ma Douleur, donne-moi la main ; viens par ici,

Loin d'eux. Vois se pencher les défuntes Années,
Sur les balcons du ciel, en robes surannées ;
Surgir du fond des eaux le Regret souriant ;

Le Soleil moribond s'endormir sous une arche,
Et, comme un long linceul traînant à l'Orient,
Entends, ma chère, entends la douce Nuit qui marche.

Le hareng saur

Charles Cros

Charles Cros ne fut pas simplement poète. Il fut l'inventeur méconnu de l'enregistrement du son.

Il était un grand mur blanc – nu, nu, nu,
Contre le mur une échelle – haute, haute, haute,
Et, par terre, un hareng saur – sec, sec, sec.

Il vient, tenant dans ses mains – sales, sales, sales,
Un marteau lourd, un grand clou – pointu, pointu, pointu,
Un peloton de ficelle – gros, gros, gros.

Alors il monte à l'échelle – haute, haute, haute,
Et plante le clou pointu – toc, toc, toc,
Tout en haut du grand mur blanc – nu, nu, nu.

Il laisse aller le marteau – qui tombe, qui tombe, qui tombe,
Attache au clou la ficelle – longue, longue, longue,
Et, au bout, le hareng saur – sec, sec, sec.

Il redescend de l'échelle – haute, haute, haute,
L'emporte avec le marteau – lourd, lourd, lourd ;
Et puis, il s'en va ailleurs, – loin, loin, loin.

Et, depuis, le hareng saur – sec, sec, sec,
Au bout de cette ficelle – longue, longue, longue,
Très lentement se balance – toujours, toujours, toujours.

J'ai composé cette histoire, – simple, simple, simple,
Pour mettre en fureur les gens – graves, graves, graves,
Et amuser les enfants – petits, petits, petits.

Apparition

Stéphane Mallarmé

Écrit en 1863, Apparition, *ainsi que les autres poèmes publiés dans* Le Parnasse contemporain, *montre l'influence qu'eurent Baudelaire et Edgar Poe sur Mallarmé.*

La lune s'attristait. Des séraphins en pleurs
Rêvant, l'archet aux doigts, dans le calme des fleurs
Vaporeuses, tiraient de mourantes violes
De blancs sanglots glissant sur l'azur des corolles.
– C'était le jour béni de ton premier baiser.
Ma songerie aimant à me martyriser
S'enivrait savamment du parfum de tristesse
Que même sans regret et sans déboire laisse
La cueillaison d'un Rêve au cœur qui l'a cueilli.
J'errais donc, l'œil rivé sur le pavé vieilli
Quand avec du soleil aux cheveux, dans la rue
Et dans le soir, tu m'es en riant apparue
Et j'ai cru voir la fée au chapeau de clarté
Qui jadis sur mes beaux sommeils d'enfant gâté
Passait, laissant toujours de ses mains mal fermées
Neiger de blancs bouquets d'étoiles parfumées.

L'Azur

Stéphane Mallarmé

Dans L'Azur, *Mallarmé dépeint la détresse du poète aspirant à un idéal inaccessible.*

De l'éternel azur la sereine ironie
Accable, belle indolemment comme les fleurs,
Le poète impuissant qui maudit son génie
À travers un désert stérile de Douleurs.

Fuyant, les yeux fermés, je le sens qui regarde
Avec l'intensité d'un remords atterrant,
Mon âme vide. Où fuir ? Et quelle nuit hagarde
Jeter, lambeaux, jeter sur ce mépris navrant ?

Brouillards, montez ! versez vos cendres monotones
Avec de longs haillons de brume dans les cieux
Qui noiera le marais livide des automnes
Et bâtissez un grand plafond silencieux !

Et toi, sors des étangs léthéens et ramasse
En t'en venant la vase et les pâles roseaux,
Cher Ennui, pour boucher d'une main jamais lasse
Les grands trous bleus que font méchamment les oiseaux.

Encor ! que sans répit les tristes cheminées
Fument, et que de suie une errante prison
Éteigne dans l'horreur de ses noires traînées
Le soleil se mourant jaunâtre à l'horizon !

– Le Ciel est mort. – Vers toi, j'accours ! donne ô matière,
L'oubli de l'Idéal cruel et du Péché
À ce martyr qui vient partager la litière
Où le bétail heureux des hommes est couché,

Car j'y veux, puisque enfin ma cervelle, vidée
Comme le pot de fard gisant au pied d'un mur,
N'a plus l'art d'attifer la sanglotante idée,
Lugubrement bâiller vers un trépas obscur…

En vain ! l'Azur triomphe, et je l'entends qui chante
Dans les cloches. Mon âme, il se fait voix pour
Nous faire peur avec sa victoire méchante,
Et du métal vivant sort en bleus angélus !

Il roule par la brume, ancien et traverse
Ta native agonie ainsi qu'un glaive sûr ;
Où fuir dans la révolte inutile et perverse ?
Je suis hanté. L'Azur ! l'Azur ! l'Azur ! l'Azur !

Brise marine

Stéphane Mallarmé

L'influence du poème de Baudelaire intitulé Le Voyage *est très sensible dans ce poème.*

La chair est triste, hélas ! et j'ai lu tous les livres.
Fuir ! là-bas fuir ! Je sens que des oiseaux sont ivres
D'être parmi l'écume inconnue et les cieux !
Rien, ni les vieux jardins reflétés par les yeux
Ne retiendra ce cœur qui dans la mer se trempe,
Ô nuits ! ni la clarté déserte de ma lampe
Sur le vide papier que la blancheur défend
Et ni la jeune femme allaitant son enfant.
Je partirai ! Steamer balançant ta mâture,
Lève l'ancre pour une exotique nature !
Un Ennui, désolé par les cruels espoirs,
Croit encore à l'adieu suprême des mouchoirs !
Et, peut-être, les mâts, invitant les orages,
Sont-ils de ceux qu'un vent penche sur les naufrages
Perdus, sans mâts, sans mâts, ni fertiles îlots.
Mais, ô mon cœur, entends le chant des matelots !

Le vierge, le vivace…

Stéphane Mallarmé

Publié en 1885, ce poème a parfois pour titre Le sonnet du cygne.

Le vierge, le vivace et le bel aujourd'hui
Va-t-il nous déchirer avec un coup d'aile ivre
Ce lac dur oublié que hante sous le givre
Le transparent glacier des vols qui n'ont pas fui !

Un cygne d'autrefois se souvient que c'est lui
Magnifique mais qui sans espoir se délivre
Pour n'avoir pas chanté la région où vivre
Quand du stérile hiver a resplendi l'ennui.

Tout son col secouera cette blanche agonie
Par l'espace infligée à l'oiseau qui le nie,
Mais non l'horreur du sol où le plumage est pris.

Fantôme qu'à ce lieu son pur éclat assigne,
Il s'immobilise au songe froid de mépris
Que vêt parmi l'exil inutile le Cygne.

Promenades et Intérieurs

François Coppée

François Coppée sera le poète du vieux Paris, des gens humbles, des faubourgs et de la banlieue parisienne du XIXe siècle.

L'allée est droite et longue, et sur le ciel d'hiver
Se dressent hardiment les grands arbres de fer,
Vieux ormes dépouillés dont le sommet se touche.
Tout au bout, le soleil, large et rouge, se couche.
À l'horizon il va plonger dans un moment.
Pas un oiseau. Parfois un lointain craquement
Dans les taillis déserts de la forêt muette ;
Et là-bas, cheminant, la noire silhouette,
Sur le globe empourpré qui fond comme un lingot,
D'une vieille à bâton, ployant sous son fagot.

Le soir, au coin du feu, j'ai pensé bien des fois
À la mort d'un oiseau, quelque part, dans les bois.
Pendant les tristes jours de l'hiver monotone,
Les pauvres nids déserts, les nids qu'on abandonne,
Se balancent au vent sous un ciel gris de fer.
Oh ! comme les oiseaux doivent mourir l'hiver !
Pourtant, lorsque viendra le temps des violettes,
Nous ne trouverons pas leurs délicats squelettes
Dans le gazon d'avril, où nous irons courir.
Est-ce que les oiseaux se cachent pour mourir ?

C'est vrai, j'aime Paris d'une amitié malsaine ;
J'ai partout le regret des vieux bords de la Seine.
Devant la vaste mer, devant les pics neigeux,
Je rêve d'un faubourg plein d'enfance et de jeux,
D'un coteau tout pelé d'où ma Muse s'applique
À noter les tons fins d'un ciel mélancolique,
D'un bout de Bièvre, avec quelques champs oubliés,
Où l'on tend une corde aux troncs des peupliers
Pour y faire sécher la toile et la flanelle,
Ou d'un coin pour pêcher dans l'île de Grenelle.

Comme le champ de foire est désert, la baraque
N'est pas ouverte, et sur son perchoir le macaque
Cligne ses yeux méchants et grignote une noix
Entre la grosse caisse et le chapeau chinois ;
Et deux bons paysans sont là, bouche béante,
Devant la toile peinte où l'on voit la géante,
Telle qu'elle a paru devant les Cours,
Soulevant décemment ses jupons un peu courts
Pour qu'on ne puisse pas supposer qu'elle triche,
Et montrant son mollet à l'empereur d'Autriche.

Soleil couchant

José Maria de Heredia

Les poèmes de Heredia ne furent édités en recueil qu'en 1893, sous le titre Les Trophées.

Les ajoncs éclatants, parure du granit,
Dorent l'âpre sommet que le couchant allume ;
Au loin, brillante encor par sa barre d'écume,
La mer sans fin commence où la terre finit.

À mes pieds c'est la nuit, le silence. Le nid
Se tait, l'homme est rentré sous le chaume qui fume ;
Seul, l'Angélus du soir, ébranlé dans la brume,
À la vaste rumeur de l'Océan s'unit.

Alors, comme du fond d'un abîme, des traînes,
Des landes, des ravins, montent des voix lointaines
De pâtres attardés ramenant le bétail.

L'horizon tout entier s'enveloppe dans l'ombre,
Et le soleil mourant, sur un ciel riche et sombre,
Ferme les branches d'or de son rouge éventail.

Les conquérants

José Maria de Heredia

Un des poèmes les plus connus de Heredia. Écrit en 1869, il parut dans plusieurs revues qu'éditaient les amis du Parnasse contemporain *dont Heredia fut l'un des membres.*

Comme un vol de gerfauts hors du charnier natal,
Fatigués de porter leurs misères hautaines,
De Palos de Moguer, routiers et capitaines
Partaient, ivres d'un rêve héroïque et brutal.

Ils allaient conquérir le fabuleux métal
Que Cipango mûrit dans ses mines lointaines,
Et les vents alizés inclinaient leurs antennes
Aux bords mystérieux du monde Occidental.

Chaque soir, espérant des lendemains épiques,
L'azur phosphorescent de la mer des Tropiques
Enchantait leur sommeil d'un mirage doré ;

Ou penchés à l'avant des blanches caravelles,
Ils regardaient monter en un ciel ignoré
Du fond de l'Océan des étoiles nouvelles.

Épiphanie

José Maria de Heredia

Heredia nous offre une interprétation poétique de la visite des Rois Mages à l'Enfant Jésus.

Donc Balthazar, Melchior et Gaspar, les Rois Mages,
Chargés de nefs d'argent, de vermeil et d'émaux
Et suivis d'un très long cortège de chameaux,
S'avancent, tels qu'ils sont dans les vieilles images.

De l'Orient lointain, ils portent leurs hommages
Aux pieds du fils de Dieu, né pour guérir les maux
Que souffrent ici-bas l'homme et les animaux ;
Un page noir soutient leurs robes à ramages.

Sur le seuil de l'étable où veille saint Joseph,
Ils ôtent humblement la couronne du chef
Pour saluer l'Enfant qui rit et les admire.

C'est ainsi qu'autrefois, sous Augustus Cæsar,
Sont venus, présentant l'or, l'encens et la myrrhe,
Les Rois Mages Gaspar, Melchior et Balthazar.

La sieste

José Maria de Heredia

José Maria de Heredia entra à l'Académie française en 1895, deux ans après la publication des Trophées.

Pas un seul bruit d'insecte ou d'abeille en maraude,
Tout dort sous les grands bois accablés de soleil
Où le feuillage épais tamise un jour pareil
Au velours sombre et doux des mousses d'émeraude.

Criblant le dôme obscur, Midi splendide y rôde
Et, sur mes cils mi-clos alanguis de sommeil,
De mille éclairs furtifs forme un réseau vermeil
Qui s'allonge et se croise à travers l'ombre chaude.

Vers la gaze de feu que trament les rayons,
Vole le frêle essaim des riches papillons
Qu'enivrent la lumière et le parfum des sèves.

Alors mes doigts tremblants saisissent chaque fil,
Et dans les mailles d'or de ce filet subtil,
Chasseur harmonieux, j'emprisonne mes rêves.

Chanson d'automne

Paul Verlaine

La première strophe de ce poème extrait du recueil Poèmes saturniens *(1866) fut diffusée sur Radio Londres, annonçant le débarquement allié en Normandie, le 6 juin 1944.*

Les sanglots longs
Des violons
De l'automne
Blessent mon cœur
D'une langueur
Monotone.

Tout suffocant
Et blême quand
Sonne l'heure,
Je me souviens
Des jours anciens
Et je pleure,

Et je m'en vais
Au vent mauvais
Qui m'emporte
De-çà, de-là,
Pareil à la
Feuille morte.

Mon rêve familier

Paul Verlaine

Les Poèmes saturniens *dont est extrait ce poème furent édités en 1866 à compte d'auteur, à cinq cents exemplaires, payés par une cousine de Verlaine.*

Je fais souvent ce rêve étrange et pénétrant
D'une femme inconnue, et que j'aime, et qui m'aime,
Et qui n'est, chaque fois, ni tout à fait la même
Ni tout à fait une autre, et m'aime et me comprend.

Car elle me comprend, et mon cœur, transparent
Pour elle seule, hélas ! cesse d'être un problème
Pour elle seule, et les moiteurs de mon front blême,
Elle seule les sait rafraîchir, en pleurant.

Est-elle brune, blonde ou rousse ? – Je l'ignore.
Son nom ? Je me souviens qu'il est doux et sonore
Comme ceux des aimés que la Vie exila.

Son regard est pareil au regard des statues,
Et pour sa voix, lointaine, et calme, et grave, elle a
L'inflexion des voix chères qui se sont tues.

Colloque sentimental

Paul Verlaine

Colloque sentimental *est le dernier poème du second recueil,* Fêtes galantes, *que Verlaine publia en 1869.*

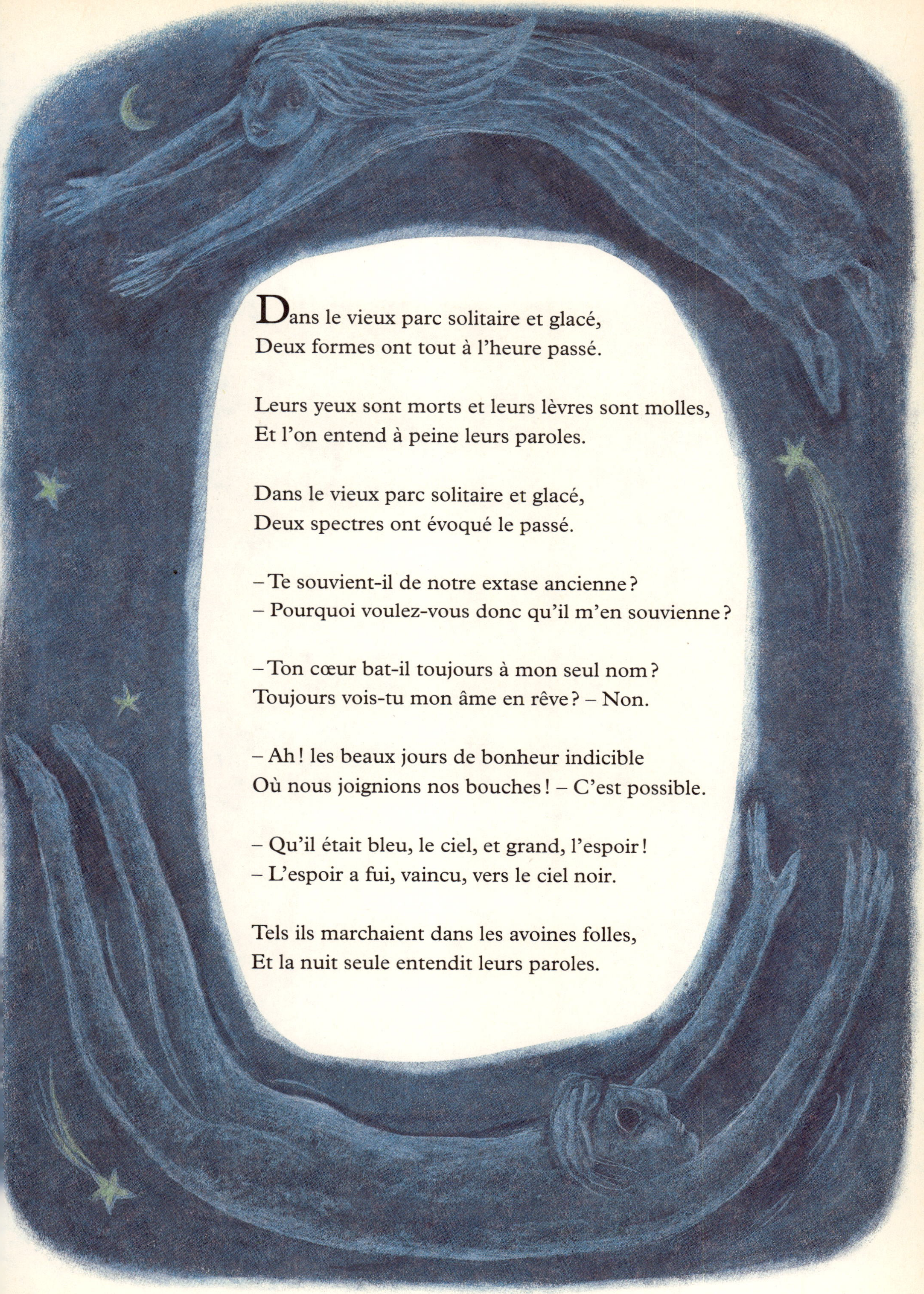

Dans le vieux parc solitaire et glacé,
Deux formes ont tout à l'heure passé.

Leurs yeux sont morts et leurs lèvres sont molles,
Et l'on entend à peine leurs paroles.

Dans le vieux parc solitaire et glacé,
Deux spectres ont évoqué le passé.

– Te souvient-il de notre extase ancienne ?
– Pourquoi voulez-vous donc qu'il m'en souvienne ?

– Ton cœur bat-il toujours à mon seul nom ?
Toujours vois-tu mon âme en rêve ? – Non.

– Ah ! les beaux jours de bonheur indicible
Où nous joignions nos bouches ! – C'est possible.

– Qu'il était bleu, le ciel, et grand, l'espoir !
– L'espoir a fui, vaincu, vers le ciel noir.

Tels ils marchaient dans les avoines folles,
Et la nuit seule entendit leurs paroles.

Green

Paul Verlaine

Green *est extrait du recueil* Romances sans paroles, *publié en 1874. Il semblerait que le poème ait été écrit en 1872, année où Verlaine abandonna sa femme et commença une vie d'errance avec Arthur Rimbaud.*

Voici des fruits, des fleurs, des feuilles et des branches
Et puis voici mon cœur qui ne bat que pour vous.
Ne le déchirez pas avec vos deux mains blanches
Et qu'à vos yeux si beaux l'humble présent soit doux.

J'arrive tout couvert encore de rosée
Que le vent du matin vient glacer à mon front.
Souffrez que ma fatigue à vos pieds reposée
Rêve des chers instants qui la délasseront.

Sur votre jeune sein laissez rouler ma tête
Toute sonore encor de vos derniers baisers ;
Laissez-la s'apaiser de la bonne tempête,
Et que je dorme un peu puisque vous reposez.

Le ciel est, par-dessus le toit...

Paul Verlaine

Le 10 juillet 1873, à la suite d'une soirée d'ivresse, Verlaine tira deux coups de revolver sur Rimbaud. Il fut emprisonné jusqu'au 16 janvier 1875. C'est à la suite de ce drame qu'il rédigea Le ciel est, par-dessus le toit.

Le ciel est, par-dessus le toit,
Si bleu, si calme !
Un arbre, par-dessus le toit,
Berce sa palme.

La cloche, dans le ciel qu'on voit,
Doucement tinte.
Un oiseau sur l'arbre qu'on voit
Chante sa plainte.

Mon Dieu, mon Dieu, la vie est là,
Simple et tranquille.
Cette paisible rumeur-là
Vient de la ville.

– Qu'as-tu fait, ô toi que voilà
Pleurant sans cesse,
Dis, qu'as-tu fait, toi que voilà,
De ta jeunesse.

Ariettes oubliées

Paul Verlaine

C'est en prison que Verlaine corrigea les épreuves des Romances sans paroles. *En musique, le mot "ariette" désigne un air léger qui s'adapte à des paroles.*

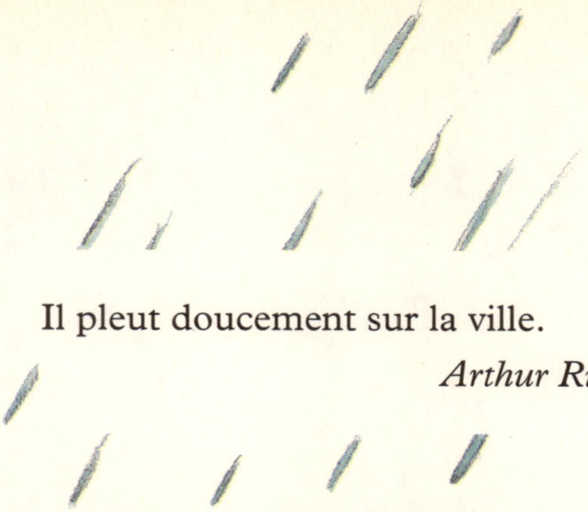

Il pleut doucement sur la ville.

Arthur Rimbaud

Il pleure dans mon cœur
Comme il pleut sur la ville,
Quelle est cette langueur
Qui pénètre mon cœur ?

Ô bruit doux de la pluie
Par terre et sur les toits !
Pour un cœur qui s'ennuie,
Ô le chant de la pluie !

Il pleure sans raison
Dans ce cœur qui s'écœure.
Quoi ! nulle trahison ?
Ce deuil est sans raison.

C'est bien la pire peine
De ne savoir pourquoi,
Sans amour et sans haine,
Mon cœur a tant de peine.

Art poétique

Paul Verlaine

Verlaine rédigea ce poème en prison, mais il ne le publiera que dix ans plus tard dans son recueil Jadis et Naguère. *Ce texte fut considéré comme un manifeste symboliste.*

De la musique avant toute chose,
Et pour cela préfère l'Impair,
Plus vague et plus soluble dans l'air,
Sans rien en lui qui pèse ou qui pose.

Il faut aussi que tu n'ailles point
Choisir tes mots sans quelque méprise :
Rien de plus cher que la chanson grise
Où l'Indécis au Précis se joint.

C'est des beaux yeux derrière des voiles,
C'est le grand jour tremblant de midi,
C'est, par un ciel d'automne attiédi,
Le bleu fouillis des claires étoiles !

Car nous voulons la Nuance encor,
Pas la Couleur, rien que la nuance !
Oh ! la nuance seule fiance
Le rêve au rêve et la flûte au cor !

Fuis du plus loin la Pointe assassine,
L'Esprit cruel et le Rire impur,
Qui font pleurer les yeux de l'Azur,
Et tout cet ail de basse cuisine !

Prends l'éloquence et tords-lui son cou !
Tu feras bien, en train d'énergie,
De rendre un peu la Rime assagie.
Si l'on n'y veille, elle ira jusqu'où ?

Ô qui dira les torts de la Rime ?
Quel enfant sourd ou quel nègre fou
Nous a forgé ce bijou d'un sou
Qui sonne creux et faux sous la lime ?

De la musique encore et toujours !
Que ton vers soit la chose envolée
Qu'on sent qui fuit d'une âme en allée
Vers d'autres cieux à d'autres amours.

Que ton vers soit la bonne aventure
Éparse au vent crispé du matin
Qui va fleurant la menthe et le thym...
Et tout le reste est littérature.

Le liseron

Maurice Rollinat

Maurice Rollinat était le filleul de George Sand, et passa son enfance dans le Berry.

Le liseron est un calice
Qui se balance à fleur de sol.
L'éphémère y suspend son vol
Et la coccinelle s'y glisse.

Le champignon rugueux et lisse
Parfois lui sert de parasol ;
Le liseron est un calice
Qui se balance à fleur de sol.

Or, quand les champs sont au supplice,
Brûlés par un ciel espagnol,
Il tend toujours son petit bol
Afin que l'averse l'emplisse :
Le liseron est un calice.

La biche

Maurice Rollinat

Les recueils poétiques de Maurice Rollinat sont délicats et musicaux. C'est un des poètes dont on apprend les textes dès l'enfance.

La biche brame au clair de lune
Et pleure à se fondre les yeux :
Son petit faon délicieux
A disparu dans la nuit brune.

Pour raconter son infortune
À la forêt de ses aïeux,
La biche brame au clair de lune
Et pleure à se fondre les yeux.

Mais aucune réponse, aucune,
À ses longs appels anxieux !
Et, le cou tendu vers les cieux,
Folle d'amour et de rancune,
La biche brame au clair de lune.

La mort de l'automne

Jean Richepin

Richepin mena une vie errante. Dans ses poèmes il exalte une forme de révolte. On lui doit également des textes comme L'automne, *qui n'est pas sans rappeler certains écrits des poètes du Moyen Âge.*

Au vent du nord
Qui le bâtonne,
Le pauvre Automne
Fuit sans remords.

Le vend le mord,
Lui, dans sa tonne
Se pelotonne
L'Automne est mort.

Et son glas tinte
Comme une plainte
Dans les derniers

Refrains de fête,
Adieu, paniers !
Vendange est faite.

Nuit de neige

Guy de Maupassant

Bien qu'il soit connu pour ses contes et nouvelles, Guy de Maupassant écrivit quelques poèmes dont cette Nuit de neige.

La grande plaine est blanche, immobile et sans voix.
Pas un bruit, pas un son; toute vie est éteinte.
Mais on entend parfois, comme une morne plainte,
Quelque chien sans abri qui hurle au coin d'un bois.

Plus de chansons dans l'air, sous nos pieds plus de chaumes.
L'hiver s'est abattu sur toute floraison.
Des arbres dépouillés dressent à l'horizon
Leurs squelettes blanchis ainsi que des fantômes.

La lune est large et pâle, et semble se hâter.
On dirait qu'elle a froid dans le grand ciel austère.
De son morne regard elle parcourt la terre,
Et, voyant tout désert, s'empresse à nous quitter.

Et froids tombent sur nous les rayons qu'elle darde,
Fantastiques lueurs qu'elle s'en va semant;
Et la neige s'éclaire au loin, sinistrement,
Aux étranges reflets de la clarté blafarde.

Oh, la terrible nuit pour les petits oiseaux!
Un vent glacé frissonne et court par les allées.
Eux, n'ayant plus l'asile ombragé des berceaux,
Ne peuvent pas dormir sur leurs pattes gelées.

Dans les grands arbres nus que couvre le verglas
Ils sont là, tout tremblants, sans rien qui les protège;
De leur œil inquiet ils regardent la neige,
Attendant jusqu'au jour la nuit qui ne vient pas.

Sensation

Arthur Rimbaud

Lorsqu'il écrit ce poème en mars 1870, Rimbaud a seize ans, mais ce texte ne sera publié qu'une vingtaine d'années plus tard dans La Revue indépendante.

Par les soirs bleus d'été, j'irai dans les sentiers,
Picoté par les blés, fouler l'herbe menue :
Rêveur, j'en sentirai la fraîcheur à mes pieds.
Je laisserai le vent baigner ma tête nue.

Je ne parlerai pas, je ne penserai rien :
Mais l'amour infini me montera dans l'âme,
Et j'irai loin, bien loin, comme un bohémien,
Par la Nature, – heureux comme avec une femme.

Ophélie

Arthur Rimbaud

Georges Izambard, jeune professeur de Rimbaud, lui fait découvrir la poésie de Théodore de Banville. C'est à ce dernier que Rimbaud adressera ce poème, espérant le voir publié dans la revue Le Parnasse contemporain.

I

Sur l'onde calme et noire où dorment les étoiles,
La blanche Ophélia flotte comme un grand lys,
Flotte très lentement, couchée en ses longs voiles...
– On entend dans les bois lointains des hallalis.

Voici plus de mille ans que la triste Ophélie
Passe, fantôme blanc, sur le long fleuve noir,
Voici plus de mille ans que sa douce folie
Murmure sa romance à la brise du soir.

Le vent baise ses seins et déploie en corolle
Ses grands voiles bercés mollement par les eaux ;
Les saules frissonnants pleurent sur son épaule,
Sur son grand front rêveur s'inclinent les roseaux.

Les nénuphars froissés soupirent autour d'elle ;
Elle éveille parfois, dans un aune qui dort,
Quelque nid, d'où s'échappe un petit frisson d'aile ;
– Un chant mystérieux tombe des astres d'or.

II

Ô pâle Ophélia ! belle comme la neige !
Oui, tu mourus, enfant, par un fleuve emporté !
– C'est que les vents tombant des grands monts de Norwège
T'avaient parlé tout bas de l'âpre liberté ;

C'est qu'un souffle, tordant ta grande chevelure,
À ton esprit rêveur portait d'étranges bruits ;
Que ton cœur écoutait le chant de la Nature
Dans les plaintes de l'arbre et les soupirs des nuits ;

C'est que la voix des mers folles, immense râle,
Brisait ton sein d'enfant, trop humain et trop doux ;
C'est qu'un matin d'avril, un beau cavalier pâle,
Un pauvre fou, s'assit muet à tes genoux !

Ciel ! Amour ! Liberté ! Quel rêve, ô pauvre Folle !
Tu te fondais à lui comme une neige au feu ;
Tes grandes visions étranglaient ta parole
– Et l'Infini terrible effara ton œil bleu !

III

– Et le Poëte dit qu'aux rayons des étoiles
Tu viens chercher, la nuit, les fleurs que tu cueillis,
Et qu'il a vu sur l'eau, couchée en ses longs voiles,
La blanche Ophélia flotter, comme un grand lys.

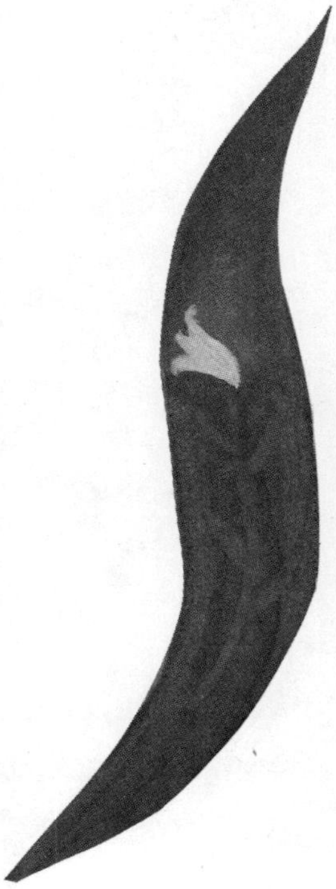

Les effarés

Arthur Rimbaud

C'est sans doute Verlaine qui fit publier pour la première fois ce texte dans une revue anglaise sous le titre : Petits Pauvres. *À cette époque, l'homme aux semelles de vent a renoncé à la littérature.*

Noirs dans la neige et dans la brume,
Au grand soupirail qui s'allume,
Leurs culs en rond,

À genoux, cinq petits – misère ! –
Regardent le boulanger faire
Le lourd pain blond.

Ils voient le fort bras blanc qui tourne
La pâte grise et qui l'enfourne
Dans un trou clair.

Ils écoutent le bon pain cuire.
Le boulanger au gras sourire
Grogne un vieil air.

Ils sont blottis, pas un ne bouge,
Au souffle du soupirail rouge
Chaud comme un sein.

Quand, pour quelque médianoche,
Façonné comme une brioche
On sort le pain.

Quand, sous les poutres enfumées,
Chantent les croûtes parfumées
Et les grillons,

Que ce trou chaud souffle la vie,
Ils ont leur âme si ravie
Sous leurs haillons,

Ils se ressentent si bien vivre,
Les pauvres Jésus pleins de givre,
Qu'ils sont là tous,

Collant leurs petits museaux roses
Au treillage, grognant des choses
Entre les trous,

Tout bêtes, faisant leurs prières
Et repliés vers ces lumières
Du ciel rouvert,

Si fort, qu'ils crèvent leur culotte
Et que leur chemise tremblote
Au vent d'hiver.

Roman

Arthur Rimbaud

Daté du 29 septembre 1870, ce poème fait également partie du recueil Demeny. Certains vers ne sont pas sans rappeler Baudelaire.

I

On n'est pas sérieux, quand on a dix-sept ans.
– Un beau soir, foin des bocks et de la limonade,
Des cafés tapageurs aux lustres éclatants !
– On va sous les tilleuls verts de la promenade.

Les tilleuls sentent bon dans les bons soirs de juin !
L'air est parfois si doux, qu'on ferme la paupière ;
Le vent chargé de bruits – la ville n'est pas loin –
A des parfums de vigne et des parfums de bière…

II

– Voilà qu'on aperçoit un tout petit chiffon
D'azur sombre, encadré d'une petite branche,
Piqué d'une mauvaise étoile, qui se fond
Avec de doux frissons, petite et toute blanche…

Nuit de juin ! Dix-sept ans ! – On se laisse griser.
La sève est du champagne et vous monte à la tête…
On divague ; on se sent aux lèvres un baiser
Qui palpite là, comme une petite bête…

III

Le cœur fou Robinsonne à travers les romans,
– Lorsque, dans la clarté d'un pâle réverbère,
Passe une demoiselle aux petits airs charmants,
Sous l'ombre du faux-col effrayant de son père…

Et, comme elle vous trouve immensément naïf
Tout en faisant trotter ses petites bottines,
Elle se tourne, alerte et d'un mouvement vif…
– Sur vos lèvres alors meurent les cavatines…

IV

Vous êtes amoureux. Loué jusqu'au mois d'août.
Vous êtes amoureux. – Vos sonnets La font rire.
Tous vos amis s'en vont, vous êtes *mauvais goût.*
– Puis l'adorée, un soir, a daigné vous écrire… !

– Ce soir-là,… – vous rentrez aux cafés éclatants,
Vous demandez des bocks ou de la limonade…
– On n'est pas sérieux, quand on a dix-sept ans
Et qu'on a des tilleuls verts sur la promenade.

Le dormeur du val

Arthur Rimbaud

Extrait de son premier recueil, Poésies, Le dormeur du val *fut écrit en octobre 1870. Rimbaud s'est enfui à Douai où il achève de recopier une partie de son livre de poésies.*

C'est un trou de verdure où chante une rivière
Accrochant follement aux herbes des haillons
D'argent; où le soleil, de la montagne fière,
Luit : c'est un petit val qui mousse de rayons.

Un soldat jeune, bouche ouverte, tête nue,
Et la nuque baignant dans le frais cresson bleu,
Dort; il est étendu dans l'herbe, sous la nue,
Pâle dans son lit vert où la lumière pleut.

Les pieds dans les glaïeuls, il dort. Souriant comme
Sourirait un enfant malade, il fait un somme :
Nature, berce-le chaudement : il a froid.

Les parfums ne font pas frissonner sa narine;
Il dort dans le soleil, la main sur sa poitrine
Tranquille. Il a deux trous rouges au côté droit.

Le buffet

Arthur Rimbaud

Comme le précédent poème, c'est à son ami Paul Demeny, jeune poète douaisien que son professeur Georges Izambard lui a fait connaître, que Rimbaud destine Le buffet.

C'est un large buffet sculpté ; le chêne sombre,
Très vieux, a pris cet air si bon des vieilles gens ;
Le buffet est ouvert, et verse dans son ombre,
Comme un flot de vin vieux, des parfums engageants ;

Tout plein, c'est un fouillis de vieilles vieilleries,
De linges odorants et jaunes, de chiffons
De femmes ou d'enfants, de dentelles flétries,
De fichus de grand'mère où sont peints des griffons ;

– C'est là qu'on trouverait les médaillons, les mèches
De cheveux blancs ou blonds, les portraits, les fleurs sèches
Dont le parfum se mêle à des parfums de fruits.

– Ô buffet du vieux temps, tu sais bien des histoires,
Et tu voudrais conter tes contes, et tu bruis
Quand s'ouvrent lentement tes grandes portes noires.

Ma bohème

Arthur Rimbaud

C'est sans doute sa fugue à Douai qui inspira à Arthur Rimbaud ce poème d'octobre 1870.

Je m'en allais, les poings dans mes poches crevées ;
Mon paletot aussi devenait idéal ;
J'allais sous le ciel, Muse ! et j'étais ton féal ;
Oh ! là ! là ! que d'amours splendides j'ai rêvées !

Mon unique culotte avait un large trou.
– Petit-Poucet rêveur, j'égrenais dans ma course
Des rimes. Mon auberge était à la Grande-Ourse.
– Mes étoiles au ciel avaient un doux frou-frou.

Et je les écoutais, assis au bord des routes,
Ces bons soirs de septembre où je sentais des gouttes
De rosée à mon front, comme un vin de vigueur ;

Où, rimant au milieu des ombres fantastiques,
Comme des lyres, je tirais les élastiques
De mes souliers blessés, un pied près de mon cœur !

Le bateau ivre

Arthur Rimbaud

La veille de son départ pour Paris en septembre 1871, Rimbaud lit à son ami Delahaye Le bateau ivre *en lui disant : "J'ai fait cela pour présenter aux gens de Paris." Il vient d'écrire un texte qui reste sans doute comme un de ses plus grands chefs-d'œuvre.*

Comme je descendais des Fleuves impassibles,
Je ne me sentis plus guidé par les haleurs :
Des Peaux-Rouges criards les avaient pris pour cibles,
Les ayant cloués nus aux poteaux de couleurs.

J'étais insoucieux de tous les équipages,
Porteur de blés flamands ou de cotons anglais.
Quand avec mes haleurs ont fini ces tapages,
Les Fleuves m'ont laissé descendre où je voulais.

Dans les clapotements furieux des marées,
Moi, l'autre hiver, plus sourd que les cerveaux d'enfants,
Je courus ! Et les Péninsules démarrées
N'ont pas subi tohu-bohus plus triomphants.

La tempête a béni mes éveils maritimes.
Plus léger qu'un bouchon j'ai dansé sur les flots
Qu'on appelle rouleurs éternels de victimes,
Dix nuits, sans regretter l'œil niais des falots !

Plus douce qu'aux enfants la chair des pommes sures,
L'eau verte pénétra ma coque de sapin
Et des taches de vins bleus et des vomissures
Me lava, dispersant gouvernail et grappin.

Et dès lors, je me suis baigné dans le Poème
De la Mer, infusé d'astres, et lactescent,
Dévorant les azurs verts ; où, flottaison blême
Et ravie, un noyé pensif parfois descend ;

Où, teignant tout à coup les bleuités, délires
Et rythmes lents sous les rutilements du jour,
Plus fortes que l'alcool, plus vastes que nos lyres,
Fermentent les rousseurs amères de l'amour!

Je sais les cieux crevant en éclairs, et les trombes
Et les ressacs et les courants; je sais le soir,
L'Aube exaltée ainsi qu'un peuple de colombes,
Et j'ai vu quelquefois ce que l'homme a cru voir.

J'ai vu le soleil bas, taché d'horreurs mystiques,
Illuminant de longs figements violets,
Pareils à des acteurs de drames très antiques
Les flots roulant au loin leurs frissons de volets!

J'ai rêvé la nuit verte aux neiges éblouies,
Baiser montant aux yeux des mers avec lenteurs,
La circulation des sèves inouïes,
Et l'éveil jaune et bleu des phosphores chanteurs!

J'ai suivi, des mois pleins, pareille aux vacheries
Hystériques, la houle à l'assaut des récifs,
Sans songer que les pieds lumineux des Maries
Pussent forcer le mufle aux Océans poussifs!

J'ai heurté, savez-vous, d'incroyables Florides
Mêlant aux fleurs des yeux de panthères à peaux
D'hommes! Des arcs-en-ciel tendus comme des brides
Sous l'horizon des mers, à de glauques troupeaux.

J'ai vu fermenter les marais énormes, nasses
Où pourrit dans les joncs tout un Léviathan !
Des écroulements d'eaux au milieu des bonaces,
Et les lointains vers les gouffres cataractant !

Glaciers, soleils d'argent, flots nacreux, cieux de braises,
Échouages hideux au fond des golfes bruns
Où les serpents géants dévorés des punaises
Choient, des arbres tordus, avec de noirs parfums !

J'aurais voulu montrer aux enfants ces dorades
Du flot bleu, ces poissons d'or, ces poissons chantants.
– Des écumes de fleurs ont bercé mes dérades
Et d'ineffables vents m'ont ailé par instants.

Parfois, martyr lassé des pôles et des zones,
La mer dont le sanglot faisait mon roulis doux
Montait vers moi ses fleurs d'ombre aux ventouses jaunes
Et je restais, ainsi qu'une femme à genoux…

Presque île, ballottant sur mes bords les querelles
Et les fientes d'oiseaux clabaudeurs aux yeux blonds.
Et je voguais, lorsqu'à travers mes liens frêles
Des noyés descendaient dormir, à reculons !…

Or moi, bateau perdu sous les cheveux des anses,
Jeté par l'ouragan dans l'éther sans oiseau,
Moi dont les Monitors et les voiliers des Hanses
N'auraient pas repêché la carcasse ivre d'eau ;

Libre, fumant, monté de brumes violettes,
Moi qui trouais le ciel rougeoyant comme un mur
Qui porte, confiture exquise aux bons poètes,
Des lichens de soleil et des morves d'azur,

Qui courais, taché de lunules électriques,
Planche folle, escorté des hippocampes noirs,
Quand les juillets faisaient crouler à coups de triques
Les cieux ultramarins aux ardents entonnoirs ;

Moi qui tremblais, sentant geindre à cinquante lieues
Le rut des Béhémots et les Maelstroms épais,
Fileur éternel des immobilités bleues,
Je regrette l'Europe aux anciens parapets !

J'ai vu des archipels sidéraux ! et des îles
Dont les cieux délirants sont ouverts au vogueur :
– Est-ce en ces nuits sans fond que tu dors et t'exiles,
Million d'oiseaux d'or, ô future Vigueur ? –

Mais, vrai, j'ai trop pleuré ! Les Aubes sont navrantes.
Toute lune est atroce et tout soleil amer :
L'âcre amour m'a gonflé de torpeurs enivrantes.
Ô que ma quille éclate ! Ô que j'aille à la mer !

Si je désire une eau d'Europe, c'est la flache
Noire et froide où vers le crépuscule embaumé
Un enfant accroupi plein de tristesses, lâche
Un bateau frêle comme un papillon de mai.

Je ne puis plus, baigné de vos langueurs, ô lames,
Enlever leur sillage aux porteurs de cotons,
Ni traverser l'orgueil des drapeaux et des flammes,
Ni nager sous les yeux horribles des pontons.

Voyelles

Arthur Rimbaud

Ce poème a donné naissance à de nombreuses interprétations quant au sens de l'attribution des couleurs aux voyelles. Verlaine dira : "Moi qui ai connu Rimbaud, je sais qu'il se foutait pas mal si A était rouge ou vert. Il le voyait comme ça, mais c'est tout."

A noir, E blanc, I rouge, U vert, O bleu : voyelles,
Je dirai quelque jour vos naissances latentes :
A, noir corset velu des mouches éclatantes
Qui bombinent autour des puanteurs cruelles,

Golfes d'ombre ; E, candeurs des vapeurs et des tentes,
Lances des glaciers fiers, rois blancs, frissons d'ombelles ;
I, pourpres, sang craché, rire des lèvres belles
Dans la colère ou les ivresses pénitentes ;

U, cycles, vibrements divins des mers virides,
Paix des pâtis semés d'animaux, paix des rides
Que l'alchimie imprime aux grands fronts studieux ;

O, suprême Clairon plein des strideurs étranges,
Silences traversés des Mondes et des Anges :
– Ô l'Oméga, rayon violet de Ses Yeux !

Ô saisons, ô châteaux,

Arthur Rimbaud

Dans certaines éditions, ce poème est intitulé Bonheur, *mais il ne semble pas que Rimbaud ait vraiment voulu titrer ce texte.*

Ô saisons, ô châteaux,
Quelle âme est sans défauts ?

Ô saisons, ô châteaux,

J'ai fait la magique étude
Du bonheur, que nul n'élude.

Ô vive lui, chaque fois
Que chante le coq gaulois.

Mais je n'aurai plus d'envie,
Il s'est chargé de ma vie.

Ce charme ! il prit âme et corps,
Et dispersa tous efforts.

Que comprendre à ma parole ?
Il fait qu'elle fuie et vole !

Ô saisons, ô châteaux !

Le vent

Émile Verhaeren

Poète belge, Émile Verhaeren célèbre dans ses recueils de poésies la Flandre et la beauté poétique du monde moderne.

Sur la bruyère longue infiniment,
Voici le vent cornant Novembre,
Sur la bruyère, infiniment,
Voici le vent,
Qui se déchire et se démembre
En souffles lourds, battant les bourgs,
Voici le vent,
Le vent sauvage de Novembre.

Aux puits des fermes,
Les seaux de fer et les poulies
Grincent.
Aux citernes des fermes,
Les seaux et les poulies
Grincent et crient
Toute la mort dans leurs mélancolies.

Le vent rafle, le long de l'eau
Les feuilles vertes des bouleaux,
Le vent sauvage de Novembre ;
Le vent mord dans les branches
Des nids d'oiseaux ;
Le vent râpe du fer,
Et peigne au loin les avalanches,
– Rageusement – du vieil hiver,
Rageusement, le vent,
Le vent sauvage de Novembre.

Dans les étables lamentables
Les lucarnes rapiécées
Ballottent leurs loques falotes
De vitre et de papier
– Le vent sauvage de Novembre ! –
Sur sa butte de gazon bistre,
De bas en haut à travers airs,
De haut en bas, à coups d'éclairs,
Le moulin noir fauche, sinistre,
Le moulin noir fauche le vent,
Le vent,
Le vent sauvage de Novembre.

Les vieux chaumes à croupetons,
Autour de leurs clochers d'église,
Sont soulevés sur leurs bâtons ;
Les vieux chaumes et leurs auvents
Claquent au vent,
Au vent sauvage de Novembre.
Les croix du cimetière étroit,
Les bras des morts que sont ces croix,
Tombent comme un grand vol,
Rabattu noir, contre le sol.

Le vent sauvage de Novembre,
Le vent,
L'avez-vous rencontré, le vent,
Au carrefour des trois cents routes,
Criant de froid, soufflant d'ahan,
L'avez-vous rencontré, le vent,
Celui des peurs et des déroutes ;
L'avez-vous vu cette nuit-là,
Quand il jeta la lune à bas
Et que, n'en pouvant plus,
Tous les villages vermoulus
Criaient, comme des bêtes,
Sous la tempête ?

Sur la bruyère, infiniment
Voici le vent hurlant
Voici le vent cornant Novembre.

Les hôtes

Émile Verhaeren

Extrait du recueil Les Visages de la vie, Les hôtes *reprend un thème cher à Verhaeren : la condition humaine.*

– Ouvrez, les gens, ouvrez la porte,
Je frappe au seuil et à l'auvent,
Ouvrez, les gens, je suis le vent
Qui s'habille de feuilles mortes.

– Entrez, monsieur, entrez, le vent,
Voici pour vous la cheminée
Et sa niche badigeonnée ;
Entrez chez nous, monsieur le Vent.

– Ouvrez, les gens, je suis la pluie,
Je suis la veuve en robe grise
Dont la trame s'indéfinise
Dans un brouillard couleur de suie.

– Entrez, la veuve, entrez chez nous.
Entrez, la froide et la livide,
Les lézardes du mur humide
S'ouvrent pour vous loger chez nous.

– Levez, les gens, la barre en fer,
Ouvrez, les gens, je suis la neige :
Mon manteau blanc se désagrège
Sur la route du vieil hiver.

– Entrez, la neige, entrez, la dame,
Avec vos pétales de lis,
Et semez-les par le taudis
Jusque dans l'âtre où vit la flamme.

Le chaland

Émile Verhaeren

L'écriture de Verhaeren s'oppose résolument aux excès des symbolistes et de la poésie parnassienne.

Sur l'arrière de son bateau,
Le batelier promène
Sa maison naine
Par les canaux.

Elle est joyeuse, et nette, et lisse,
Et glisse
Tranquillement sur le chemin des eaux.
Cloisons rouges et porte verte
Et blancs et tuyautés rideaux
Aux fenêtres ouvertes.

Et sur le pont, une cage d'oiseau :
Et deux paquets et un tonneau;
Et le roquet qui vers la rive aboie
Et dont l'écho renvoie
La colère vaine vers le bateau.

Le batelier promène
Sa maison naine
Par les canaux.

Il transporte des cargaisons,
Par tas plus hauts que sa maison :
Sacs de pommes vertes ou blondes,
Fèves, pois, choux et raiforts
Et quelquefois des seigles d'or
Qui arrivent du bout du monde.

Le matin sur le port

Albert Samain

Albert Samain connut la célébrité dès son premier recueil de poèmes, Au jardin de l'infante, *publié en 1893.*

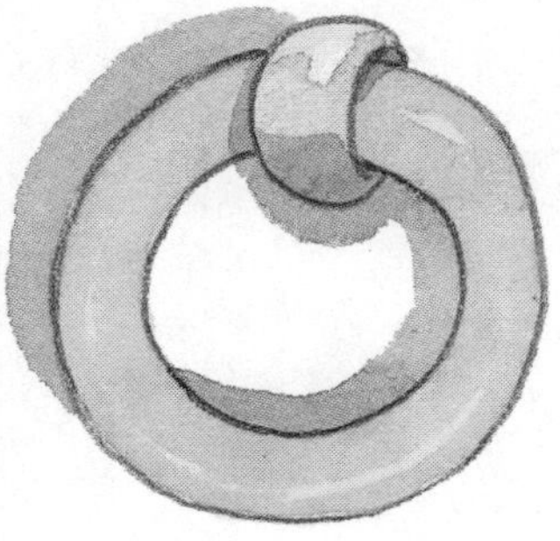

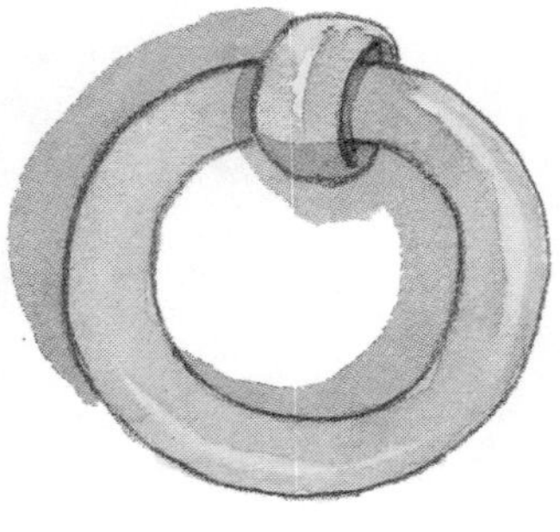

Le soleil, par degrés, de la brume émergeant,
Dore la vieille tour et le haut des mâtures ;
Et, jetant son filet sur les vagues obscures,
Fait scintiller la mer dans ses mailles d'argent.

Voici surgir, touchés par un rayon lointain,
Des portiques de marbre et des architectures ;
Et le vent épicé fait rêver d'aventures
Dans la clarté limpide et fine du matin.

L'étendard déployé sur l'arsenal palpite
Et de petits enfants, qu'un jeu frivole excite,
Font sonner en courant les anneaux du vieux mur.

Pendant qu'un beau vaisseau, peint de pourpre et d'azur,
Bondissant et léger sur l'écume sonore,
S'en va, tout frémissant de voiles, dans l'aurore.

Le repas préparé

Albert Samain

Ce poème est tiré du recueil Aux Flancs du vase *que Samain publia en 1898.*

Ma fille, laisse là ton aiguille et ta laine ;
Le maître va rentrer ; sur la table de chêne
Avec la nappe neuve aux plis étincelants
Mets la faïence claire et les verres brillants.
Dans la coupe arrondie à l'anse en col de cygne
Pose les fruits choisis sur des feuilles de vigne :
Les pêches que recouvre un velours vierge encor,
Et les lourds raisins bleus mêlés aux raisins d'or.
Que le pain bien coupé remplisse les corbeilles,
Et puis ferme la porte et chasse les abeilles…
Dehors le soleil brûle, et la muraille cuit.
Rapprochons les volets, faisons presque la nuit.
Afin qu'ainsi la salle, aux ténèbres plongée,
S'embaume toute aux fruits dont la table est chargée.
Maintenant, va puiser l'eau fraîche dans la cour ;
Et veille que surtout la cruche, à ton retour,
Garde longtemps, glacée et lentement fondue,
Une vapeur légère à ses flancs suspendue.

Ma sœur la Pluie

Charles Van Lerberghe

Comme Verhaeren, Charles Van Lerberghe était belge. La revue parisienne La Pléiade *publia ses premiers poèmes. En Belgique, il fut édité par la revue parnassienne* Le Parnasse de la jeune Belgique.

Ma sœur la Pluie,
La belle et tiède pluie d'été,
Doucement vole, doucement fuit,
À travers les airs mouillés.

Tout son collier de blanches perles
Dans le ciel bleu s'est délié.
Chantez les merles,
Dansez les pies !
Parmi les branches qu'elle plie,
Dansez les fleurs, chantez les nids ;
Tout ce qui vient du ciel est béni.

De ma bouche elle approche
Ses lèvres humides de fraises des bois,
Rit, et me touche,
Partout à la fois,
De ses milliers de petits doigts.

Sur des tapis de fleurs sonores,
De l'aurore jusqu'au soir,
Et du soir jusqu'à l'aurore,
Elle pleut et pleut encore,
Autant qu'elle peut pleuvoir.

Puis, vient le soleil qui essuie,
De ses cheveux d'or,
Les pieds de la Pluie.

Le jardin mouillé

Henri de Régnier

Henri de Régnier fait partie de ceux qu'on nomme les poètes symbolistes. Ami de Mallarmé, il fréquenta les "mardis" du poète où il rencontra Heredia dont il épousa l'une des filles.

La croisée est ouverte ; il pleut
Comme minutieusement,
À petit bruit et peu à peu,
Sur le jardin frais et dormant.

Feuille à feuille, la pluie éveille
L'arbre poudreux qu'elle verdit ;
Au mur, on dirait que la treille
S'étire d'un geste engourdi.

L'herbe frémit, le gravier tiède
Crépite et l'on croirait là-bas
Entendre sur le sable et l'herbe
Comme d'imperceptibles pas.

Le jardin chuchote et tressaille,
Furtif et confidentiel ;
L'averse semble maille à maille
Tisser la terre avec le ciel.

Il pleut, et, les yeux clos, j'écoute,
De toute sa pluie à la fois,
Le jardin mouillé qui s'égoutte
Dans l'ombre que j'ai faite en moi.

XXe SIÈCLE

Le cimetière marin

Paul Valéry

Ce poème, sans doute le plus célèbre de Paul Valéry, date de 1922. Il puisa son inspiration dans le cimetière de Sète, ville dont il était originaire.

Ce toit tranquille, où marchent des colombes,
Entre les pins palpite, entre les tombes ;
Midi le juste y compose de feux
La mer, la mer, toujours recommencée !
Ô récompense après une pensée
Qu'un long regard sur le calme des dieux !

Quel pur travail de fins éclairs consume
Maint diamant d'imperceptible écume,
Et quelle paix semble se concevoir !
Quand sur l'abîme un soleil se repose,
Ouvrages purs d'une éternelle cause,
Le Temps scintille et le Songe est savoir.

Stable trésor, temple simple à Minerve,
Masse de calme, et visible réserve,
Eau sourcilleuse, Œil qui gardes en toi
Tant de sommeil sous un voile de flamme,
Ô mon silence !… Édifice dans l'âme,
Mais comble d'or aux mille tuiles, Toit !

Temple du Temps, qu'un seul soupir résume,
À ce point pur je monte et m'accoutume,
Tout entouré de mon regard marin ;
Et comme aux dieux mon offrande suprême,
La scintillation sereine sème
Sur l'altitude un dédain souverain.

Comme le fruit se fond en jouissance,
Comme en délice il change son absence
Dans une bouche où sa forme se meurt,
Je hume ici ma future fumée,
Et le ciel chante à l'âme consumée
Le changement des rives en rumeur.

Beau ciel, vrai ciel, regarde-moi qui change !
Après tant d'orgueil, après tant d'étrange
Oisiveté, mais pleine de pouvoir,
Je m'abandonne à ce brillant espace,
Sur les maisons des morts mon ombre passe
Qui m'apprivoise à son frêle mouvoir.

L'âme exposée aux torches du solstice,
Je te soutiens, admirable justice
De la lumière aux armes sans pitié !
Je te rends pure à ta place première :
Regarde-toi !... Mais rendre la lumière
Suppose d'ombre une morne moitié.

Ô pour moi seul, à moi seul, en moi-même,
Auprès d'un cœur, aux sources du poème,
Entre le vide et l'événement pur,
J'attends l'écho de ma grandeur interne,
Amère, sombre et sonore citerne,
Sonnant dans l'âme un creux toujours futur !

Sais-tu, fausse captive des feuillages,
Golfe mangeur de ces maigres grillages,
Sur mes yeux clos, secrets éblouissants,
Quel corps me traîne à sa fin paresseuse,
Quel front l'attire à cette terre osseuse ?
Une étincelle y pense à mes absents.

Fermé, sacré, plein d'un feu sans matière,
Fragment terrestre offert à la lumière,
Ce lieu me plaît, dominé de flambeaux,
Composé d'or, de pierre et d'arbres sombres,
Où tant de marbre est tremblant sur tant d'ombres ;
La mer fidèle y dort sur mes tombeaux !

Chienne splendide, écarte l'idolâtre !
Quand solitaire au sourire de pâtre,
Je pais longtemps, moutons mystérieux,
Le blanc troupeau de mes tranquilles tombes,
Éloignes-en les prudentes colombes,
Les songes vains, les anges curieux !

Ici venu, l'avenir est paresse.
L'insecte net gratte la sécheresse ;
Tout est brûlé, défait, reçu dans l'air
À je ne sais quelle sévère essence…
La vie est vaste, étant ivre d'absence,
Et l'amertume est douce, et l'esprit clair.

Les morts cachés sont bien dans cette terre
Qui les réchauffe et sèche leur mystère.
Midi là-haut, Midi sans mouvement
En soi se pense et convient à soi-même…
Tête complète et parfait diadème,
Je suis en toi le secret changement.

Tu n'as que moi pour contenir tes craintes !
Mes repentirs, mes doutes, mes contraintes
Sont le défaut de ton grand diamant…
Mais dans leur nuit toute lourde de marbres,
Un peuple vague aux racines des arbres
A pris déjà ton parti lentement.

Ils ont fondu dans une absence épaisse,
L'argile rouge a bu la blanche espèce,
Le don de vivre a passé dans les fleurs !
Où sont des morts les phrases familières,
L'art personnel, les âmes singulières ?
La larve file où se formaient des pleurs.

Les cris aigus des filles chatouillées,
Les yeux, les dents, les paupières mouillées,
Le sein charmant qui joue avec le feu,
Le sang qui brille aux lèvres qui se rendent,
Les derniers dons, les doigts qui les défendent,
Tout va sous terre et rentre dans le jeu !

Et vous, grande âme, espérez-vous un songe
Qui n'aura plus ces couleurs de mensonge
Qu'aux yeux de chair l'onde et l'or font ici ?
Chanterez-vous quand serez vaporeuse ?
Allez ! Tout fuit ! Ma présence est poreuse,
La sainte impatience meurt aussi !

Maigre immortalité noire et dorée,
Consolatrice affreusement laurée,
Qui de la mort fais un sein maternel,
Le beau mensonge et la pieuse ruse !
Qui ne connaît, et qui ne les refuse,
Ce crâne vide et ce rire éternel !

Pères profonds, têtes inhabitées,
Qui sous le poids de tant de pelletées,
Êtes la terre et confondez nos pas,
Le vrai rongeur, le ver irréfutable
N'est point pour vous qui dormez sous la table,
Il vit de vie, il ne me quitte pas !

Amour, peut-être, ou de moi-même haine ?
Sa dent secrète est de moi si prochaine
Que tous les noms lui peuvent convenir !
Qu'importe ! Il voit, il veut, il songe, il touche !
Ma chair lui plaît, et jusque sur ma couche,
À ce vivant je vis d'appartenir !

Zénon ! Cruel Zénon ! Zénon d'Élée !
M'as-tu percé de cette flèche ailée
Qui vibre, vole, et qui ne vole pas !
Le son m'enfante et la flèche me tue !
Ah ! le soleil… Quelle ombre de tortue
Pour l'âme, Achille immobile à grands pas !

Non, non !… Debout ! Dans l'ère successive !
Brisez, mon corps, cette forme pensive !
Buvez, mon sein, la naissance du vent !
Une fraîcheur, de la mer exhalée,
Me rend mon âme… Ô puissance salée !
Courons à l'onde en rejaillir vivant !

Oui ! Grande mer de délires douée,
Peau de panthère et chlamyde trouée
De mille et mille idoles du soleil,
Hydre absolue, ivre de ta chair bleue,
Qui te remords l'étincelante queue
Dans un tumulte au silence pareil,

Le vent se lève !... il faut tenter de vivre !
L'air immense ouvre et referme mon livre
La vague en poudre ose jaillir des rocs !
Envolez-vous, pages tout éblouies !
Rompez, vagues ! Rompez d'eaux réjouies
Ce toit tranquille où picoraient des focs !

Les pas

Paul Valéry

Les pas *est extrait du recueil* Charmes*, publié en 1922, qui valut à Paul Valéry un succès considérable.*

Tes pas, enfants de mon silence,
Saintement, lentement placés,
Vers le lit de ma vigilance
Procèdent muets et glacés.

Personne pure, ombre divine,
Qu'ils sont doux, tes pas retenus !
Dieux !... tous les dons que je devine
Viennent à moi sur ces pieds nus !

Si, de tes lèvres avancées,
Tu prépares pour l'apaiser,
À l'habitant de mes pensées
La nourriture d'un baiser,

Ne hâte pas cet acte tendre,
Douceur d'être et de n'être pas,
Car j'ai vécu de vous attendre,
Et mon cœur n'était que vos pas.

L'Éternelle chanson

Rosemonde Gérard

Extraite du recueil Les Pipeaux, L'Éternelle Chanson *contient le célèbre vers : « Aujourd'hui plus qu'hier et bien moins que demain » qui fut frappé en médaille et porté par bon nombre d'amoureux.*

Lorsque tu seras vieux et que je serai vieille,
Lorsque mes cheveux blonds seront des cheveux blancs,
Au mois de mai, dans le jardin qui s'ensoleille,
Nous irons réchauffer nos vieux membres tremblants,
Comme le renouveau mettra nos cœurs en fête,
Nous nous croirons encor de jeunes amoureux,
Et je te sourirai tout en branlant la tête,
Et nous ferons un couple adorable de vieux;
Nous nous regarderons, assis sous notre treille,
Avec de petits yeux attendris et brillants,
Lorsque tu seras vieux et que je serai vieille,
Lorsque mes cheveux blonds seront des cheveux blancs.

Sur le banc familier, tout verdâtre de mousse,
Sur le banc d'autrefois nous reviendrons causer;
Nous aurons une joie attendrie et très douce,
La phrase finissant souvent par un baiser.
Combien de fois jadis j'ai pu dire : « Je t'aime ! »
Alors, avec grand soin, nous le recompterons;
Nous nous ressouviendrons de mille choses, même
De petits riens exquis dont nous radoterons.
Un rayon descendra, d'une caresse douce,
Parmi nos cheveux blancs, tout rose, se poser,
Quand, sur notre vieux banc tout verdâtre de mousse,
Sur le banc d'autrefois nous reviendrons causer.

Et, comme chaque jour je t'aime davantage
– Aujourd'hui plus qu'hier et bien moins que demain –,
Qu'importeront alors les rides du visage,
Si les mêmes rosiers parfument le chemin.
Songe à tous les printemps qui dans nos cœurs s'entassent,
Mes souvenirs à moi seront aussi les tiens,
Ces communs souvenirs toujours plus nous enlacent
Et sans cesse entre nous tissent d'autres liens;
C'est vrai, nous serons vieux, très vieux, faiblis par l'âge.
Mais plus fort chaque jour je serrerai ta main,
Car, vois-tu, chaque jour je t'aime davantage :
Aujourd'hui plus qu'hier et bien moins que demain !

Et de ce cher amour qui passe comme un rêve
Je veux tout conserver dans le fond de mon cœur,
Retenir, s'il se peut, l'impression trop brève,
Pour la ressavourer plus tard avec lenteur;
J'enferme ce qui vient de lui comme un avare,
Thésaurisant avec ardeur pour mes vieux jours;
Je serai riche alors d'une tristesse rare,
J'aurai gardé tout l'or de mes jeunes amours;
Ainsi, de ce passé de bonheur qui s'achève,
Ma mémoire parfois me rendra la douceur,
Et de ce cher amour qui passe comme un rêve
J'aurai tout conservé dans le fond de mon cœur.

Lorsque tu seras vieux et que je serai vieille,
Lorsque mes cheveux blonds seront des cheveux blancs,
Au mois de mai, dans le jardin qui s'ensoleille,
Nous irons réchauffer nos vieux membres tremblants.
Comme le renouveau mettra nos cœurs en fête,
Nous nous croirons encore aux heureux jours d'antan,
Et je te sourirai tout en branlant la tête,
Et tu me parleras d'amour en chevrotant;
Nous nous regarderons, assis sous notre treille,
Avec des yeux remplis des pleurs de nos vingt ans...
Lorsque tu seras vieux et que je serai vieille,
Lorsque mes cheveux blonds seront des cheveux blancs !

Le bonheur

Paul Fort

Cette célèbre poésie est extraite des recueils Ballades françaises *et* Chroniques de France *que Paul Fort rédigea tout au long de sa vie, de 1896 à 1958.*

Le bonheur est dans le pré. Cours-y vite, cours-y vite. Le bonheur est dans le pré, cours-y vite. Il va filer.

Si tu veux le rattraper, cours-y vite, cours-y vite.
Si tu veux le rattraper, cours-y vite. Il va filer.

Dans l'ache et le serpolet, cours-y vite, cours-y vite, dans l'ache et le serpolet, cours-y vite. Il va filer.

Sur les cornes du bélier, cours-y vite, cours-y vite,
sur les cornes du bélier, cours-y vite. Il va filer.

Sur le flot du sourcelet, cours-y vite, cours-y vite,
sur le flot du sourcelet, cours-y vite. Il va filer.

De pommier en cerisier, cours-y vite, cours-y vite, de pommier en cerisier, cours-y vite. Il va filer.

Saute par-dessus la haie, cours-y vite, cours-y vite, saute par-dessus la haie, cours-y vite ! Il a filé !

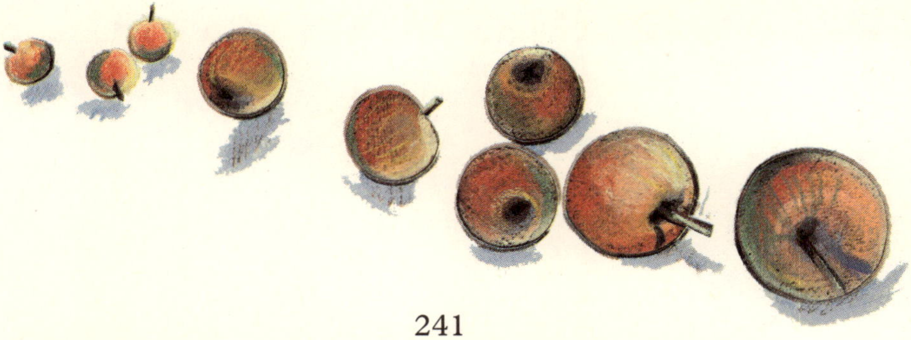

Complainte du petit cheval blanc

Paul Fort

Cette poésie deviendra une célèbre chanson interprétée par Georges Brassens.

Le petit cheval, dans le mauvais temps, qu'il avait donc du courage ! C'était un petit cheval blanc, tous derrière et lui devant.

Il n'y avait jamais de beau temps dans ce pauvre paysage. Il n'y avait jamais de printemps, ni derrière ni devant.

Mais toujours il était content, menant les gars du village, à travers la pluie noire des champs, tous derrière et lui devant.

Sa voiture allait poursuivant sa belle petite queue sauvage. C'est alors qu'il était content, eux derrière et lui devant.

Mais un jour, dans le mauvais temps, un jour qu'il était si sage, il est mort par un éclair blanc, tous derrière et lui devant.

Il est mort sans voir le beau temps, qu'il avait donc du courage ! Il est mort sans voir le printemps, ni derrière ni devant.

La ronde autour du monde

Paul Fort

Paul Fort se plaisait à dire de lui : "Je suis un arbre à poèmes, un poémier."

Si toutes les filles du monde voulaient s'donner la main, tout autour de la mer elles pourraient faire une ronde.

Si tous les gars du monde voulaient bien êtr' marins, ils f'raient avec leurs barques un joli pont sur l'onde.

Alors on pourrait faire une ronde autour du monde, si tous les gens du monde voulaient s'donner la main.

Il fera longtemps clair ce soir...

Anna de Noailles

Le recueil Le Cœur innombrable *dont est extrait ce poème date de 1901. Anna de Noailles préféra l'évocation de la vie simple et de la nature aux subtilités des symbolistes.*

Il fera longtemps clair ce soir, les jours allongent.
La rumeur du jour vif se disperse et s'enfuit,
Et les arbres surpris de ne pas voir la nuit
Demeurent éveillés dans le soir blanc, et songent…

Les marronniers, sur l'air plein d'or et de lourdeur,
Répandent leurs parfums et semblent les étendre ;
On n'ose pas marcher ni remuer l'air tendre
De peur de déranger le sommeil des odeurs.

De lointains roulements arrivent de la ville…
La poussière qu'un peu de brise soulevait,
Quittant l'arbre mouvant et las qu'elle revêt,
Redescend doucement sur les chemins tranquilles.

Nous avons tous les jours l'habitude de voir
Cette route si simple et si souvent suivie,
Et pourtant quelque chose est changé dans la vie :
Nous n'aurons plus jamais notre âme de ce soir…

Chaleur

Anna de Noailles

Publié en 1902, le recueil L'Ombre des jours*, d'où est extrait* Chaleur*, retrouve les accents de la poésie romantique.*

Tout luit, tout bleuit, tout bruit;
Le jour est brûlant comme un fruit
Que le soleil fendille et cuit.

Chaque petite feuille est chaude
Et miroite dans l'air où rôde
Comme un parfum de reine-claude.

Du soleil comme de l'eau pleut
Sur tout le pays jaune et bleu
Qui grésille et oscille un peu.

Un infini plaisir de vivre
S'élance de la forêt ivre,
Des blés roses comme du cuivre.

Pour les enfants et pour les raffinés

Max Jacob

Ce poème est extrait du recueil Les Œuvres burlesques et mystiques de frère Matorel, mort au couvent de Barcelone *publié en 1912.*

À Paris
sur un cheval gris
À Nevers
sur un cheval vert
À Issoire
sur un cheval noir
Ah ! qu'il est beau ! qu'il est beau !
Ah ! qu'il est beau ! qu'il est beau !
Tiou !

C'est la cloche qui sonne
Pour ma fille Yvonne.
Qui est mort à Perpignan ?
C'est la femme du commandant.
Qui est mort à La Rochelle ?
C'est la nièce au Colonel !
Qui est mort à Épinal ?
C'est la femme du caporal !
Tiou !
Et à Paris, papa chéri.
Fais à Paris ! qu'est-ce que tu me donnes à Paris ?

Je te donne pour ta fête
Un chapeau couleur noisette
Un petit sac en satin
Pour le tenir à la main
Un parasol en soie blanche
Avec des glands sur le manche
Un habit doré sur tranche
Des souliers couleur orange :
Ne les mets que le dimanche.
Un collier, des bijoux
Tiou !

C'est la cloche qui sonne
Pour ma fille Yvonne !
C'est la cloche de Paris,
Il est temps d'aller au lit,
C'est la cloche de Nogent,
Papa va en faire autant.
C'est la cloche de Givet,
C'est l'heure d'aller se coucher.

Ah ! non ! pas encore ! dis !
Achète-moi aussi une voiture en fer
Qui lève la poussière
Par devant et par derrière,
Attention à vous ! mesdames les garde-barrières,
Voilà Yvonne et son p'tit père,
Tiou !

La cueillette

Guillaume Apollinaire

La cueillette *fait partie du recueil* Il y a *publié en 1925, sept ans après la mort d'Apollinaire.*

Nous vînmes au jardin fleuri pour la cueillette.
Belle, sais-tu combien de fleurs, de roses-thé,
Roses pâles d'amour qui couronnent ta tête,
S'effeuillent chaque été ?

Leurs tiges vont plier au grand vent qui s'élève.
Des pétales de rose ont chu dans le chemin.
Ô Belle, cueille-les, puisque nos fleurs de rêve
Se faneront demain !

Mets-les dans une coupe et toutes portes closes,
Alanguis et cruels, songeant aux jours défunts,
Nous verrons l'agonie amoureuse des roses
Aux râles de parfums.

Le grand jardin est défleuri, mon égoïste,
Les papillons de jour vers d'autres fleurs ont fui,
Et seuls dorénavant viendront au jardin triste
Les papillons de nuit.

Et les fleurs vont mourir dans la chambre profane.
Nos roses tour à tour effeuillent leur douleur.
Belle, sanglote un peu… Chaque fleur qui se fane,
C'est un amour qui meurt !

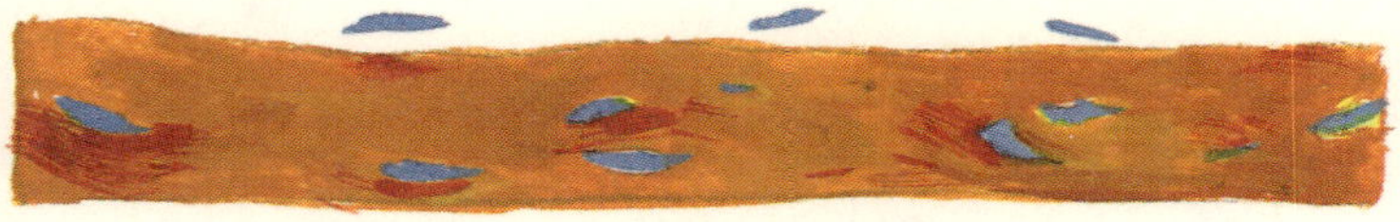

Saltimbanques

Guillaume Apollinaire

Extrait du célèbre recueil Alcools, *publié en 1913. Ce livre (1898-1913), est le fruit de quinze années de travail, ce qui explique la variété de formes et de thèmes des poèmes qui constituent ce recueil.*

Dans la plaine les baladins
S'éloignent au long des jardins
Devant l'huis des auberges grises
Par les villages sans églises

Et les enfants s'en vont devant
Les autres suivent en rêvant
Chaque arbre fruitier se résigne
Quand de très loin ils lui font signe

Ils ont des poids ronds ou carrés
Des tambours des cerceaux dorés
L'ours et le singe animaux sages
Quêtent des sous sur leur passage

Mai

Guillaume Apollinaire

La publication de son recueil Alcools, *dont est extrait* Mai, *place dès sa parution Apollinaire au rang des poètes les plus appréciés de ce début du* XXe *siècle.*

Le mai le joli mai en barque sur le Rhin
Des dames regardaient du haut de la montagne
Vous êtes si jolies mais la barque s'éloigne
Qui donc a fait pleurer les saules riverains

Or des vergers fleuris se figeaient en arrière
Les pétales tombés des cerisiers de mai
Sont les ongles de celle que j'ai tant aimée
Les pétales flétris sont comme ses paupières

Sur le chemin du bord du fleuve lentement
Un ours un singe un chien menés par des tziganes
Suivaient une roulotte traînée par un âne
Tandis que s'éloignait dans les vignes rhénanes
Sur un fifre lointain un air de régiment

Le mai le joli mai a paré les ruines
De lierre de vigne vierge et de rosiers
Le vent du Rhin secoue sur le bord les osiers
Et les roseaux jaseurs et les fleurs nues des vignes

Marie

Guillaume Apollinaire

*Ce poème doit son inspiration à Marie Laurencin, femme de lettres et peintre qui publia des poèmes sous le nom de Louis Lalanne. Ils se connurent en 1908. Marie Laurencin exerça une grande influence sur l'auteur d'*Alcools.

Vous y dansiez petite fille
Y danserez-vous mère-grand
C'est la maclotte qui sautille
Toutes les cloches sonneront
Quand donc reviendrez-vous Marie

Les masques sont silencieux
Et la musique est si lointaine
Qu'elle semble venir des cieux
Oui je veux vous aimer mais vous aimer à peine
Et mon mal est délicieux

Les brebis s'en vont dans la neige
Flocons de laine et ceux d'argent
Des soldats passent et que n'ai-je
Un cœur à moi ce cœur changeant
Changeant et puis encor que sais-je

Sais-je où s'en iront tes cheveux
Crépus comme mer qui moutonne
Sais-je où s'en iront tes cheveux
Et tes mains feuilles de l'automne
Que jonchent aussi nos aveux

Je passais au bord de la Seine
Un livre ancien sous le bras
Le fleuve est pareil à ma peine
Il s'écoule et ne tarit pas
Quand donc finira la semaine

Les colchiques

Guillaume Apollinaire

Les colchiques *est extrait d'*Alcools, *recueil qui portait à l'origine pour titre* Eau de Vie.

Le pré est vénéneux mais joli en automne
Les vaches y paissant
Lentement s'empoisonnent
Le colchique couleur de cerne et de lilas
Y fleurit tes yeux sont comme cette fleur-là
Violâtres comme leur cerne et comme cet automne
Et ma vie pour tes yeux lentement s'empoisonne

Les enfants de l'école viennent avec fracas
Vêtus de hoquetons et jouant de l'harmonica
Ils cueillent les colchiques qui sont comme des mères
Filles de leurs filles et sont couleur de tes paupières
Qui battent comme les fleurs battent au vent dément

Le gardien du troupeau chante tout doucement
Tandis que lentes et meuglant les vaches abandonnent
Pour toujours ce grand pré mal fleuri par l'automne

Le pont Mirabeau

Guillaume Apollinaire

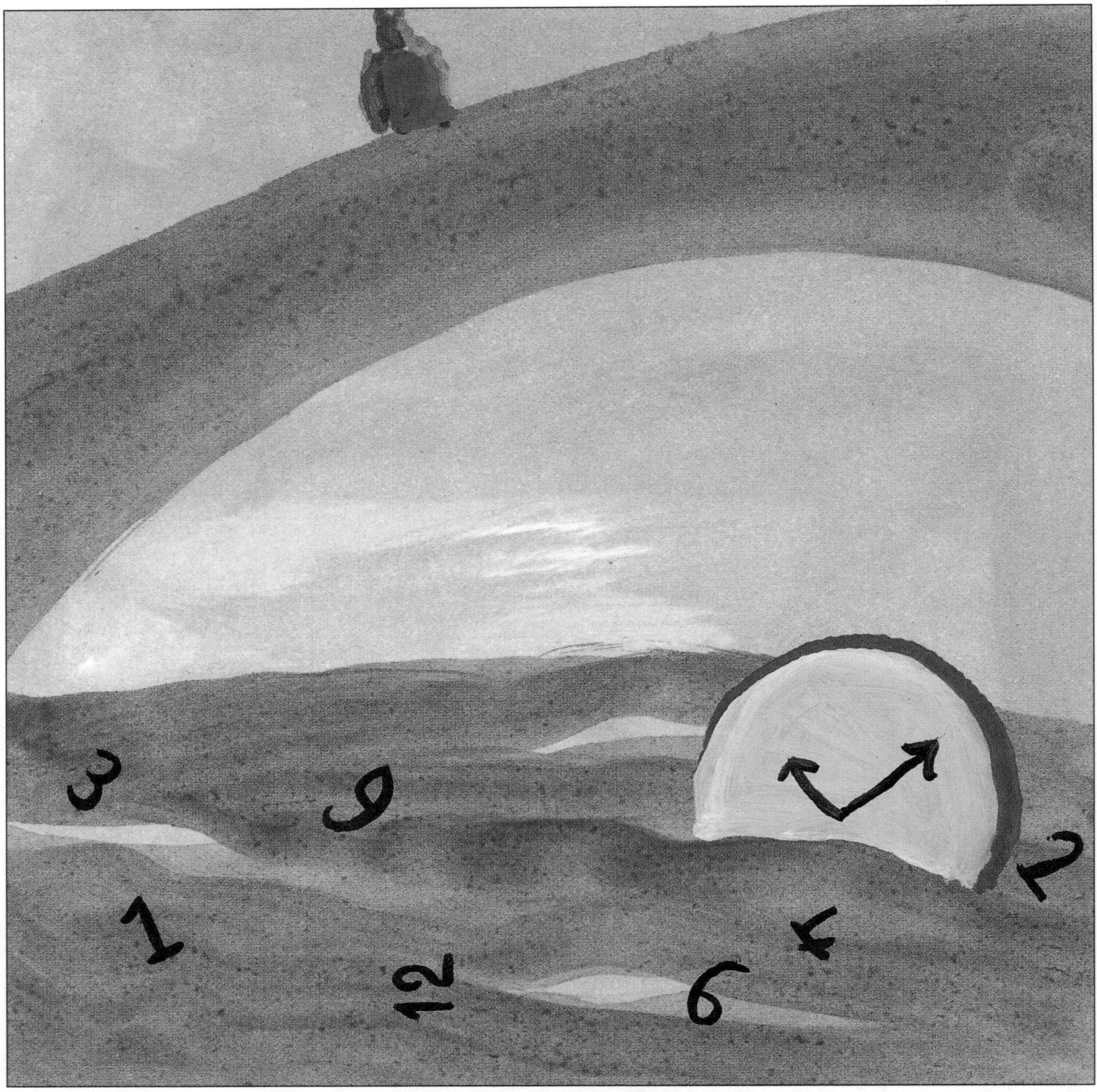

Ce poème date de 1912. Marie Laurencin a quitté Apollinaire. Cette rupture lui inspira plusieurs textes dont Le pont Mirabeau.

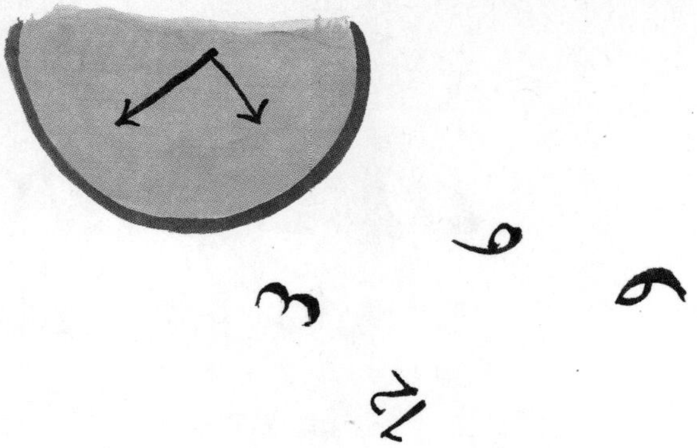

Sous le pont Mirabeau coule la Seine
Et nos amours
Faut-il qu'il m'en souvienne
La joie venait toujours après la peine

Vienne la nuit sonne l'heure
Les jours s'en vont je demeure

Les mains dans les mains restons face à face
Tandis que sous
Le pont de nos bras passe
Des éternels regards l'onde si lasse

Vienne la nuit sonne l'heure
Les jours s'en vont je demeure

L'amour s'en va comme cette eau courante
L'amour s'en va
Comme la vie est lente
Et comme l'Espérance est violente

Vienne la nuit sonne l'heure
Les jours s'en vont je demeure

Passent les jours et passent les semaines
Ni temps passé
Ni les amours reviennent
Sous le pont Mirabeau coule la Seine

Vienne la nuit sonne l'heure
Les jours s'en vont je demeure

L'odeur de mon pays

Lucie Delarue-Mardrus

Le recueil Ferveur *dont est extrait ce poème date de 1902.*

L'odeur de mon pays était dans une pomme.
Je l'ai mordue avec les yeux fermés du somme
Pour me croire debout dans un herbage vert.
L'herbe haute sentait le soleil et la mer,
L'ombre des peupliers y allongeait ses raies,
Et j'entendais le bruit des oiseaux, plein les haies,
Se mêler au retour des vagues de midi.
Je venais de hocher le pommier arrondi,
Et je m'inquiétais d'avoir laissé ouverte,
Derrière moi, la porte au toit de chaume mou...

Combien de fois, ainsi, l'automne rousse et verte
Me vit-elle au milieu du soleil et, debout,
Manger, les yeux fermés, la pomme rebondie
De tes prés, copieuse et forte Normandie !...
Ah ! je ne guérirai jamais de mon pays.
N'est-il pas la douceur des feuillages cueillis
Dans leur fraîcheur, la paix et toute l'innocence ?

Et qui donc a jamais guéri de son enfance ?...

Plein ciel

Jules Supervielle

Ce poème est extrait de Ciel et Terre *(1942). Rilke écrivait à Supervielle à propos de sa poésie : « Cela crée une continuité par-dessus des abîmes [...] vous êtes grand constructeur de ponts dans l'espace, vos arches sont vivantes comme les pas de saint Christophe ».*

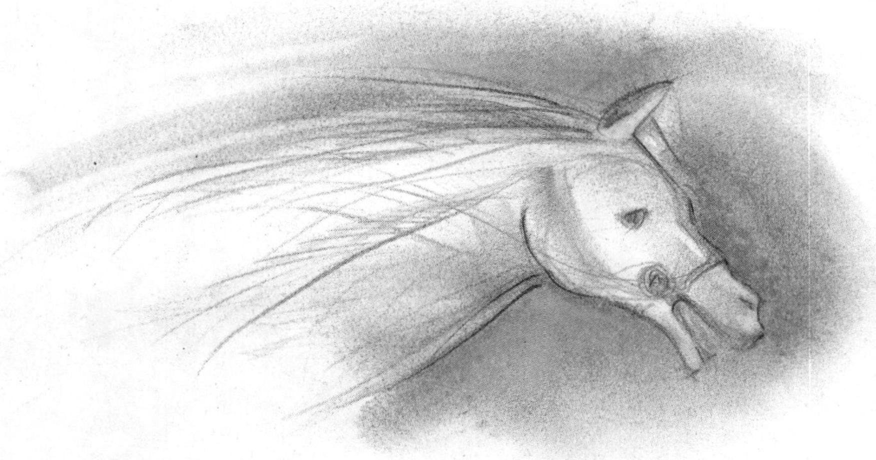

J'avais un cheval
Dans un champ de ciel
Et je m'enfonçais
Dans le jour ardent.
Rien ne m'arrêtait
J'allais sans savoir,
C'était un navire
Plutôt qu'un cheval,
C'était un désir
Plutôt qu'un navire,
C'était un cheval
Comme on n'en voit pas,
Tête de coursier,
Robe de délire,
Un vent qui hennit
En se répandant.
Je montais toujours
Et faisais des signes :

« Suivez mon chemin,
Vous pouvez venir,
Mes meilleurs amis,
La route est sereine,
Le ciel est ouvert.
Mais qui parle ainsi ?
Je me perds de vue
Dans cette altitude,
Me distinguez-vous,
Je suis celui qui
Parlait tout à l'heure,
Suis-je encor celui
Qui parle à présent,
Vous-mêmes, amis,
Êtes-vous les mêmes ?
L'un efface l'autre
Et change en montant ».

Il pleut

Francis Carco

En réaction contre les excès du néo-symbolisme, Carco fut un des créateurs du mouvement fantaisiste.

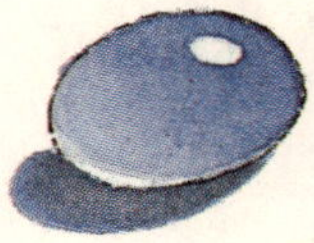

Il pleut – c'est merveilleux. Je t'aime.
Nous resterons à la maison :
Rien ne nous plaît plus que nous-mêmes
Par ce temps d'arrière-saison.

Il pleut. Les taxis vont et viennent.
On voit rouler les autobus
Et les remorqueurs sur la Seine
Font un bruit... qu'on ne s'entend plus !

C'est merveilleux : il pleut. J'écoute
La pluie dont le crépitement
Heurte la vitre goutte à goutte...
Et tu me souris tendrement.

Je t'aime. Oh ! ce bruit d'eau qui pleure,
Qui sanglote comme un adieu.
Tu vas me quitter tout à l'heure :
On dirait qu'il pleut dans tes yeux.

Liberté

Paul Éluard

Pendant la Deuxième Guerre mondiale, Paul Éluard, très engagé contre le nazisme, compose ce poème qui deviendra en quelque sorte l'hymne de la poésie résistante.

Sur mes cahiers d'écolier
Sur mon pupitre et les arbres
Sur le sable sur la neige
J'écris ton nom

Sur toutes les pages lues
Sur toutes les pages blanches
Pierre sang papier ou cendre
J'écris ton nom

Sur les images dorées
Sur les armes des guerriers
Sur la couronne des rois
J'écris ton nom

Sur la jungle et le désert
Sur les nids sur les genêts
Sur l'écho de mon enfance
J'écris ton nom

Sur les merveilles des nuits
Sur le pain blanc des journées
Sur les saisons fiancées
J'écris ton nom

Sur tous mes chiffons d'azur
Sur l'étang soleil moisi
Sur le lac lune vivante
J'écris ton nom

Sur les champs sur l'horizon
Sur les ailes des oiseaux
Et sur le moulin des ombres
J'écris ton nom

Sur chaque bouffée d'aurore
Sur la mer sur les bateaux
Sur la montagne démente
J'écris ton nom

Sur la mousse des nuages
Sur les sueurs de l'orage
Sur la pluie épaisse et fade
J'écris ton nom

Sur les formes scintillantes
Sur les cloches des couleurs
Sur la vérité physique
J'écris ton nom

Sur les sentiers éveillés
Sur les routes déployées
Sur les places qui débordent
J'écris ton nom

Sur la lampe qui s'allume
Sur la lampe qui s'éteint
Sur mes maisons réunies
J'écris ton nom

Sur le fruit coupé en deux
Du miroir et de ma chambre
Sur mon lit coquille vide
J'écris ton nom

Sur mon chien gourmand et tendre
Sur ses oreilles dressées
Sur sa patte maladroite
J'écris ton nom

Sur le tremplin de ma porte
Sur les objets familiers
Sur le flot du feu béni
J'écris ton nom

Sur toute chair accordée
Sur le front de mes amis
Sur chaque main qui se tend
J'écris ton nom

Sur la vitre des surprises
Sur les lèvres attentives
Bien au-dessus du silence
J'écris ton tom

Sur mes refuges détruits
Sur mes phares écroulés
Sur les murs de mon ennui
J'écris ton nom

Sur l'absence sans désirs
Sur la solitude nue
Sur les marches de la mort
J'écris ton nom

Sur la santé revenue
Sur le risque disparu
Sur l'espoir sans souvenirs
J'écris ton nom

Et par le pouvoir d'un mot
Je recommence ma vie
Je suis né pour te connaître
Pour te nommer

Liberté.

La terre est bleue…

Paul Éluard

Publié dans L'Amour la poésie *en 1929, ce poème illustre le lyrisme amoureux, qui fut l'autre source d'inspiration fondamentale de Paul Éluard.*

La terre est bleue comme une orange
Jamais une erreur les mots ne mentent pas
Ils ne vous donnent plus à chanter
Au tour des baisers de s'entendre
Les fous et les amours
Elle sa bouche d'alliance
Tous les secrets tous les sourires
Et quels vêtements d'indulgence
À la croire toute nue.

Les guêpes fleurissent vert
L'aube se passe autour du cou
Un collier de fenêtres
Des ailes couvrent les feuilles
Tu as toutes les joies solaires
Tout le soleil sur la terre
Sur les chemins de ta beauté.

Le feu

Louis Aragon

Louis Aragon fut l'un des poètes les plus engagés pendant la Deuxième Guerre mondiale.

Mon Dieu mon Dieu cela ne s'éteint pas
Toute ma forêt je suis là qui brûle
J'avais pris ce feu pour le crépuscule
Je croyais mon cœur à son dernier pas

J'attendais toujours le jour d'être cendres
Je lisais vieillir où brise l'osier
Je guettais l'instant d'après le brasier
J'écoutais le chant descendre descendre

J'étais du couteau de l'âge égorgé
Je portais mes doigts où vivre me saigne
Mesurant ainsi la fin de mon règne
Le peu qu'il me reste et le rien que j'ai

Et puisqu'il faut bien que douleur s'achève
Parfois j'y prenais mon contentement
Pariant sur l'ombre et sur le moment
Où la porte ouvrant déchire le rêve

Mais j'ai beau vouloir en avoir fini
Guetter dans ce corps l'alarme et l'alerte
L'absence et la nuit l'abîme et la perte
J'en porte dans moi le profond déni

Il s'y lève un vent qui tient du prodige
L'approche de toi qui me fait printemps
Je n'ai jamais eu de ma vie autant
Même dans tes bras qu'aujourd'hui vertige

Le souffrir d'aimer flamme perpétue
En moi l'incendie étend ses ravages
À rien n'a servi ni le temps ni l'âge
Mon âme mon âme où m'entraînes-tu

La rose et le réséda

Louis Aragon

Ce poème paru en 1942 est dédié à quatre résistants dont les uns étaient catholiques et les autres communistes et que les Allemands fusillèrent pendant la Deuxième Guerre mondiale.

Celui qui croyait au ciel
Celui qui n'y croyait pas
Tous deux adoraient la belle
Prisonnière des soldats
Lequel montait à l'échelle
Et lequel guettait en bas
Celui qui croyait au ciel
Celui qui n'y croyait pas
Qu'importe comment s'appelle
Cette clarté sur leurs pas
Que l'un fût de la chapelle
Et l'autre s'y dérobât
Celui qui croyait au ciel
Celui qui n'y croyait pas
Tous les deux étaient fidèles
Des lèvres du cœur des bras
Et tous les deux disaient qu'elle
Vive et qui vivra verra
Celui qui croyait au ciel
Celui qui n'y croyait pas
Quand les blés sont sous la grêle
Fou qui fait le délicat
Fou qui songe à ses querelles
Au cœur du commun combat
Celui qui croyait au ciel
Celui qui n'y croyait pas
De haut de la citadelle
La sentinelle tira
Par deux fois et l'un chancelle
L'autre tombe qui mourra
Celui qui croyait au ciel
Celui qui n'y croyait pas
Ils sont en prison Lequel
A le plus triste grabat
Lequel plus que l'autre gèle
Lequel préfère les rats
Celui qui croyait au ciel
Celui qui n'y croyait pas
Un rebelle est un rebelle
Nos sanglots font un seul glas
Et quand vient l'aube cruelle
Passent de vie à trépas
Celui qui croyait au ciel
Celui qui n'y croyait pas
Répétant le nom de celle
Qu'aucun des deux ne trompa
Et leur sang rouge ruisselle
Même couleur même éclat
Celui qui croyait au ciel
Celui qui n'y croyait pas
Il coule il coule et se mêle
À la terre qu'il aima
Pour qu'à la saison nouvelle
Mûrisse un raisin muscat
Celui qui croyait au ciel
Celui qui n'y croyait pas
L'un court et l'autre a des ailes
De Bretagne ou du Jura
Et framboise ou mirabelle
Le grillon rechantera
Dites flûte ou violoncelle
Le double amour qui brûla
L'alouette et l'hirondelle
La rose et le réséda

La croix pour l'ombre

Louis Aragon

Publié en 1963, Le Fou d'Elsa, *dont est extrait ce poème, est un hommage à Elsa Triolet, la femme du poète, qui inspira de nombreux recueils comme* Elsa. *Elsa Triolet fut l'auteur de nombreux romans dont* Roses à crédit *ou encore* L'Âme.

Les gens heureux n'ont pas d'histoire
C'est du moins ce que l'on prétend
Le blé que l'on jette au blutoir
Les bœufs qu'on mène à l'abattoir
Ne peuvent pas en dire autant
Les gens heureux n'ont pas d'histoire

C'est le bonheur des meurtriers
Que les morts jamais ne dérangent
Il y a fort à parier
Qu'on ne les entend pas crier
Ils dorment en riant aux anges
C'est le bonheur des meurtriers

Amour est bonheur d'autre sorte
Il tremble l'hiver et l'été
Toujours la main dans une porte
Le cœur comme une feuille morte
Et les lèvres ensanglantées
Amour est bonheur d'autre sorte

Aimer à perdre la raison
Aimer à n'en savoir que dire
À n'avoir que toi d'horizon
Et ne connaître de saison
Que par la douleur du partir
Aimer à perdre la raison

Ah c'est toi toujours que l'on blesse
C'est toujours ton miroir brisé
Mon pauvre bonheur ma faiblesse
Toi qu'on insulte et qu'on délaisse
Dans toute chair martyrisée
Ah c'est toujours toi que l'on blesse

La faim la fatigue et le froid
Toutes les misères du monde
C'est par mon amour que j'y crois
En elle je porte ma croix
Et de leurs nuits ma nuit se fonde
La faim la fatigue et le froid

Grammaire

Philippe Soupault

Philippe Soupault fut un farouche adepte de l'écriture automatique. Surréaliste, il sera aussi l'auteur de poèmes ludiques comme Grammaire.

Peut-être et toujours peut-être
adverbes que vous m'ennuyez
avec vos presque et presque pas
quand fleurissent les apostrophes

Et vous points et virgules
qui grouillez dans les viviers
où nagent des subjonctifs
je vous empaquette vous ficelle

Soyez maudits paragraphes
pour que les prophéties s'accomplissent
bâtards honteux des grammairiens
et mauvais joueurs de syntaxe

Sucez vos impératifs
et laissez-nous dormir
une bonne fois
c'est la nuit
et la canicule

Le chat et le soleil

Maurice Carême

Maurice Carême était belge. On lui doit de nombreux poèmes d'une écriture fraîche et spontanée.

Le chat ouvrit les yeux,
Le soleil y entra.
Le chat ferma les yeux,
Le soleil y resta.

Voilà pourquoi, le soir,
Quand le chat se réveille,
J'aperçois dans le noir
Deux morceaux de soleil.

La fourmi

Robert Desnos

Desnos écrivit ce poème en 1944, peu de temps avant d'être arrêté et de mourir en déportation.

Une fourmi de dix-huit mètres
Avec un chapeau sur la tête,
Ça n'existe pas, ça n'existe pas.
Une fourmi traînant un char
Plein de pingouins et de canards,
Ça n'existe pas, ça n'existe pas.
Une fourmi parlant français,
Parlant latin et javanais,
Ça n'existe pas, ça n'existe pas.
Eh ! Pourquoi pas ?

Dans ma maison

Jacques Prévert

Le recueil Paroles, *d'où provient ce poème, fut édité en mai 1945.*

Dans ma maison vous viendrez
D'ailleurs ce n'est pas ma maison
Je ne sais pas à qui elle est
Je suis entré comme ça un jour
Il n'y avait personne
Seulement des piments rouges accrochés au mur blanc
Je suis resté longtemps dans cette maison
Personne n'est venu
Mais tous les jours et tous les jours
Je vous ai attendue

Je ne faisais rien
C'est-à-dire rien de sérieux
Quelquefois le matin
Je poussais des cris d'animaux
Je gueulais comme un âne
De toutes mes forces
Et cela me faisait plaisir
Et puis je jouais avec mes pieds
C'est très intelligent les pieds
Ils vous emmènent très loin
Quand vous voulez aller très loin
Et puis quand vous ne voulez pas sortir
Ils restent là ils vous tiennent compagnie

Et quand il y a de la musique ils dansent
On ne peut pas danser sans eux
Il faut être bête comme l'homme l'est si souvent
Pour dire des choses aussi bêtes
Que bête comme ses pieds gai comme un pinson
Le pinson n'est pas gai

Il est seulement gai quand il est gai
Et triste quand il est triste ou ni gai ni triste
Est-ce qu'on sait ce que c'est un pinson
D'ailleurs il ne s'appelle pas réellement comme ça
C'est l'homme qui a appelé cet oiseau comme ça
Pinson pinson pinson pinson

Comme c'est curieux les noms
Martin Hugo Victor de son prénom
Bonaparte Napoléon de son prénom
Pourquoi comme ça et pas comme ça
Un troupeau de bonapartes passe dans le désert
L'empereur s'appelle Dromadaire
Il a un cheval caisse et des tiroirs de course
Au loin galope un homme qui n'a que trois prénoms
Il s'appelle Tim-Tam-Tom et n'a pas de grand nom
Un peu plus loin encore il y a n'importe qui
Beaucoup plus loin encore il y a n'importe quoi
Et puis qu'est-ce que ça peut faire tout ça

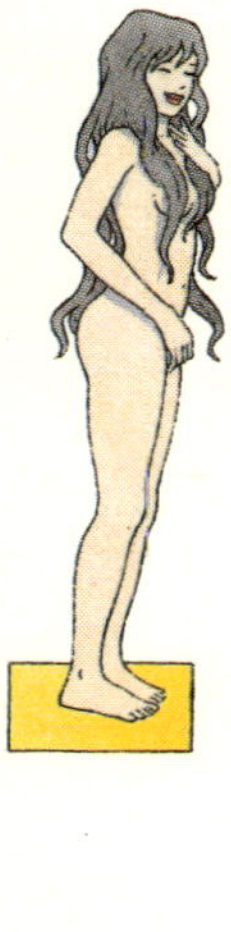

Dans ma maison tu viendras
Je pense à autre chose mais je ne pense qu'à ça
Et quand tu seras entrée dans ma maison
Tu enlèveras tous tes vêtements
Et tu resteras immobile nue debout avec ta bouche rouge
Comme les piments rouges pendus sur le mur blanc
Et puis tu te coucheras et je me coucherai près de toi
Voilà
Dans ma maison qui n'est pas ma maison tu viendras.

En sortant de l'école

Jacques Prévert

Le recueil Histoires *fut publié en 1946. Prévert avait déjà signé de nombreux dialogues de films tels que* Quai des brumes *ou* Les Enfants du paradis.

En sortant de l'école
nous avons rencontré
un grand chemin de fer
qui nous a emmenés
tout autour de la terre
dans un wagon doré
Tout autour de la terre
nous avons rencontré
la mer qui se promenait
avec tous ses coquillages
ses îles parfumées
et puis ses beaux naufrages
et ses saumons fumés
Au-dessus de la mer
nous avons rencontré
la lune et les étoiles
sur un bateau à voiles
partant pour le Japon
et les trois mousquetaires des cinq doigts de la main
tournant la manivelle d'un petit sous-marin
plongeant au fond des mers
pour chercher des oursins
Revenant sur la terre
nous avons rencontré
sur la voie de chemin de fer
une maison qui fuyait

fuyait tout autour de la terre
fuyait tout autour de la mer
fuyait devant l'hiver
qui voulait l'attraper
Mais nous sur notre chemin de fer
on s'est mis à rouler
rouler derrière l'hiver
et on l'a écrasé
et la maison s'est arrêtée
et le printemps nous a salués
C'était lui le garde-barrière
et il nous a bien remerciés
et toutes les fleurs de toute la terre
soudain se sont mises à pousser
pousser à tort et à travers
sur la voie du chemin de fer
qui ne voulait plus avancer
de peur de les abîmer
Alors on est revenu à pied
à pied tout autour de la terre
à pied tout autour de la mer
tout autour du soleil
de la lune et des étoiles
À pied à cheval en voiture et en bateau à voiles.

Pour faire le portrait d'un oiseau

Jacques Prévert

Dès sa parution, Paroles *connaît un succès considérable. Prévert devient le poète préféré de la jeunesse d'après-guerre.*

Peindre d'abord une cage
avec une porte ouverte
peindre ensuite
quelque chose de joli
quelque chose de simple
quelque chose de beau
quelque chose d'utile
pour l'oiseau
placer ensuite la toile contre un arbre
dans un jardin
dans un bois
ou dans une forêt
se cacher derrière l'arbre
sans rien dire
sans bouger…
Parfois l'oiseau arrive vite
mais il peut aussi bien mettre de longues années
avant de se décider
Ne pas se décourager
attendre
attendre s'il le faut pendant des années
la vitesse ou la lenteur de l'arrivée de l'oiseau
n'ayant aucun rapport
avec la réussite du tableau
Quand l'oiseau arrive
s'il arrive
observer le plus profond silence
attendre que l'oiseau entre dans la cage
et quand il est entré
fermer doucement la porte avec le pinceau
puis
effacer un à un tous les barreaux
en ayant soin de ne toucher aucune des plumes de l'oiseau
Faire ensuite le portrait de l'arbre
en choisissant la plus belle de ses branches
pour l'oiseau
peindre aussi le vert feuillage et la fraîcheur du vent
la poussière du soleil
et le bruit des bêtes de l'herbe dans la chaleur de l'été
et puis attendre que l'oiseau se décide à chanter
Si l'oiseau ne chante pas
c'est mauvais signe
signe que le tableau est mauvais
mais s'il chante c'est bon signe
signe que vous pouvez signer
Alors vous arrachez tout doucement
une des plumes de l'oiseau
et vous écrivez votre nom dans un coin du tableau.

Chanson des escargots qui vont à l'enterrement

Jacques Prévert

Jacques Prévert est sans conteste le poète de l'école, celui dont on apprend les histoires simples, attachantes. Certains des poèmes de Paroles *ont été mis en musique par Joseph Kosma.*

À l'enterrement d'une feuille morte
Deux escargots s'en vont
Ils ont la coquille noire
Du crêpe autour des cornes
Ils s'en vont dans le soir
Un très beau soir d'automne
Hélas quand ils arrivent
C'est déjà le printemps
Les feuilles qui étaient mortes
Sont toutes ressuscitées
Et les deux escargots
Sont très désappointés
Mais voilà le soleil
Le soleil qui leur dit
Prenez prenez la peine
La peine de vous asseoir
Prenez un verre de bière
Si le cœur vous en dit
Prenez si ça vous plaît
L'autocar pour Paris
Il partira ce soir
Vous verrez du pays
Mais ne prenez pas le deuil
C'est moi qui vous le dis
Ça noircit le blanc de l'œil
Et puis ça enlaidit
Les histoires de cercueils
C'est triste et pas joli
Reprenez vos couleurs
Les couleurs de la vie
Alors toutes les bêtes
Les arbres et les plantes
Se mettent à chanter
À chanter à tue-tête
La vraie chanson vivante
La chanson de l'été
Et tout le monde de boire
Tout le monde de trinquer
C'est un très joli soir
Un joli soir d'été
Et les deux escargots
S'en retournent chez eux
Ils s'en vont très émus
Ils s'en vont très heureux
Comme ils ont beaucoup bu
Ils titubent un p'tit peu
Mais là-haut dans le ciel
La lune veille sur eux.

Si tu t'imagines

Raymond Queneau

L'auteur de Zazie dans le métro *et d'*Exercice de style *a signé ce poème qui sera chanté par de nombreux artistes de Saint-Germain-des Prés, dont Juliette Gréco.*

Si tu t'imagines
si tu t'imagines
fillette fillette
Si tu t'imagines
xa va xa va xa
va durer toujours
la saison des za
la saison des za
saison des amours
ce que tu te goures
fillette fillette
ce que tu te goures

Si tu crois petite
si tu crois ah ah
que ton teint de rose
ta taille de guêpe
tes mignons biceps
tes ongles d'émail
ta cuisse de nymphe
et ton pied léger
si tu crois petite
xa va xa va xa
va durer toujours
ce que tu te goures
fillette fillette
ce que tu te goures

les beaux jours s'en vont
les beaux jours de fête
soleils et planètes
tournent tous en rond
mais toi ma petite
tu marches tout droit
vers sque tu vois pas
très sournois s'approchent
la ride véloce
la pesante graisse
le menton triplé
le muscle avachi
allons cueille cueille
les roses les roses
roses de la vie
et que leurs pétales
soient la mer étale
de tous les bonheurs
allons cueille cueille
si tu le fais pas
ce que tu te goures
fillette fillette
ce que tu te goures

BIOGRAPHIES

Moyen Âge

On ignore quels sont les traits de Rutebeuf, dont il n'existe pas de portrait.

Rutebeuf
(Paris ?, vers 1230 Paris, vers 1285)

Trouvère parisien, Rutebeuf fut un jongleur du Moyen Âge, et connut, si l'on en croit ce qu'il a écrit, la pauvreté. Il allait de château en château, exerçant son art, et il composa de nombreux vers dont on n'a conservé, sans doute, qu'une petite partie. Les quatorze mille vers que nous connaissons de lui parlent de la difficulté qu'il éprouvait à vivre en qualité de baladin, de la rigueur de l'hiver, de son mariage désastreux. Il est l'auteur de *Chansons de la croisade*, de fabliaux, de dits (monologues) : *Le Dit de l'Erberie*, *Le Dit des Béguines*, d'un poème dramatique : *Le Miracle de Théophile*, d'un roman : *Renart le Bestourné*, et de poésies plus intimes. *La Pauvreté Rutebeuf*, *Le Repentir Rutebeuf* et *La Mort Rutebeuf* permettent de découvrir la vie de cet auteur considéré comme le précurseur de François Villon et comme le plus grand poète du XIIIe siècle.

Charles d'Orléans
(Paris, 1394 Amboise, 1465)

Fils de Louis d'Orléans, petit-fils de Charles V, neveu de Charles VI, Charles d'Orléans est aussi le père de Louis XII. En 1409, il perd son épouse Isabelle. En 1415, il est fait prisonnier à Azincourt et reste captif en Angleterre pendant vingt-cinq ans. À son retour en France, en 1440, il épouse Marie de Clèves et cherche vainement à apporter sa médiation entre le roi Charles VII et le parti bourguignon. Il se retire dans son château de Blois dès 1451, où il s'entoure de poètes (François Villon, entre autres). Surnommé « le prince des poètes », toute sa vie il écrivit des poèmes qu'il réunit en recueil. Sa poésie, à l'instar de sa vie de prince meurtri, est empreinte d'une harmonie qui module les thèmes traditionnels de la poésie « courtoise ».

François Villon
(Paris, vers 1431 après 1463)

François Villon mena une vie mouvementée. François de Montcorbier emprunta son nom à son professeur, Guillaume de Villon. Licencié et maître ès arts en 1452, il avait obtenu son baccalauréat trois ans plus tôt après d'excellentes études à la Sorbonne. Mais François Villon était un homme querelleur, fréquentant aussi bien les mauvais garçons que le milieu universitaire. En 1455, il tua, au cours d'une rixe, un prêtre et dut se cacher pendant quelques mois avant que Charles VII le gracie. En province, il participa à un concours de poésie organisé par Charles d'Orléans qui le reçut dans son château de Blois. Lorsqu'en 1462, il fut à nouveau condamné à la potence pour avoir, sans doute, tué au cours d'une énième rixe un notaire, il dut son salut à la mansuétude du parlement de Paris, qui cassa le jugement et le condamna, le 5 janvier 1463, à dix ans de bannissement. Au-delà de cette date, on perd toute trace de Villon. Avec lui prend fin la poésie du « Moyen Âge ».

XVIe SIÈCLE

JOACHIM DU BELLAY (Liré, 1522 Paris, 1560)

Renonçant à la carrière militaire, Joachim du Bellay, qui avait étudié le droit à Poitiers, s'adonne à la poésie. En 1547, il rencontre Ronsard, suit les leçons de l'helléniste Jean Dorat au collège de Coqueret et fonde avec Ronsard et d'autres humanistes *la Brigade,* qui deviendra *la Pléiade* en 1556. Dans sa *Défense et Illustration de la langue française* (1549), il présente les idées de ce groupe qui invite les poètes à composer leur œuvre en français plutôt qu'en latin. De 1553 à 1557, il accompagne son oncle, le cardinal Jean du Bellay, à Rome, où il accomplit son rêve humaniste. À son retour, il publie les célèbres sonnets des *Regrets* (1558) et *Les Antiquités de Rome* (1558). Prématurément vieilli, atteint de surdité, il meurt à trente-sept ans, en écrivant des vers.

PIERRE DE RONSARD (Vendômois, 1524 Cosme-lès-Tours, 1585)

Comme du Bellay, Pierre de Ronsard dut renoncer à la carrière militaire parce qu'une maladie le frappa de surdité dès son plus jeune âge. Il se destina donc à la carrière de poète, suivant l'enseignement de Jean Dorat au collège de Coqueret, à Paris. Devenu chef de *la Pléiade*, il prit activement part à l'élaboration du manifeste rédigé par du Bellay, la *Défense et Illustration de la langue française*. Bien vite, malgré l'hostilité des poètes courtisans, il accède à la gloire et à la fortune – on le surnommera par la suite « prince des poètes » –. Trois femmes ont marqué la vie de cet épicurien : Cassandre, Marie et Hélène. Les *Amours de Cassandre* (1552) sont dédiées à la fille d'un riche banquier italien, les *Amours de Marie* (1555) sont des poèmes d'amour en l'honneur d'une bergère, Marie ; quant aux *Amours d'Hélène* (1578), ce recueil est dédié à Hélène de Surgères, dont Ronsard s'éprit à la fin de sa vie. Ignoré pendant deux siècles, il redevint célèbre au XIXe siècle, source d'inspiration pour les romantiques.

LOUISE LABÉ (Lyon, 1526 Parcieux, 1566)

Fille d'un cordier de Lyon, Louise Labé, qu'on surnomma après son mariage avec un riche cordier lyonnais la Belle Cordière, reçut une éducation exemplaire et vécut une jeunesse aventureuse. Rattachée à l'école lyonnaise, Louise Labé est l'auteur de trois *Elégies* et de vingt-quatre *Sonnets,* où la passion le dispute au malheur d'aimer. Tenant salon, elle s'attacha à une société cultivée. Son rang social lui permit d'être une femme libre dans une société où la littérature restait une affaire d'hommes.

XVIIe SIÈCLE

THÉOPHILE DE VIAU (Clairac, 1590 Paris, 1626)

Issu d'une famille protestante modeste, Théophile de Viau mena une vie tumultueuse et libertine sous l'influence de Guez de Balzac. Ses poèmes dont on apprécia la grande qualité lui valurent d'être le protégé d'illustres nobles, tels que les ducs de Montmorency et de Luynes. Cependant, certains de ses écrits jugés licencieux entraînèrent sa condamnation au bûcher. Il fut gracié mais banni. Ses œuvres furent brûlées. Il est l'auteur de deux pièces de théâtre et de nombreux poèmes dont le célèbre *La Solitude*. Malgré les tourments qu'il connut, il fut l'un des poètes les plus appréciés du XVIIe siècle, et des romantiques.

SAINT-AMANT (Près de Rouen, vers 1594-Paris, 1661)

Marc-Antoine Girard, sieur de Saint-Amant, voyagea beaucoup (de l'Amérique à l'Italie en passant par le Sénégal). Il apprit plusieurs langues, étudia la musique et la peinture, fut le protégé du duc de Retz et devint l'ami de Théophile de Viau auprès duquel il mena une vie quelque peu dissolue à Paris. Il accompagna le duc d'Harcourt lors de voyages en Europe et séjourna à la cour de la reine Christine, en Suède. Il est l'auteur de satires *(Albion)*, de scènes de genre *(Les Goinfres)*, de poèmes exaltant la nature *(Les Saisons)*, et de textes fantastiques *(Les Visions)*. Sa poésie est chargée de sensations nocturnes, d'images exubérantes, burlesques.

JEAN DE LA FONTAINE (Château-Thierry, 1621 Paris, 1695)

Comme son père, Jean de La Fontaine fut contrôleur des eaux et forêts. Il fut également le protégé du surintendant Fouquet (au château de Vaux-le-Vicomte) et put ainsi fréquenter les salons littéraires (Mmes de La Fayette, de Sévigné, de la Sablière). Il devint l'ami de Molière et de Racine. Lorsque son protecteur, Fouquet, est arrêté sur ordre de Louis XIV, il trouve une nouvelle protection en la personne de la duchesse d'Orléans et connaît un vif succès pour ses *Contes et nouvelles* (1665) malgré leur côté quelquefois licencieux. C'est avec ses *Fables* qu'il devient le poète le plus apprécié de l'époque. S'inspirant des textes antiques, Ésope et Phèdre d'abord puis les fables orientales, La Fontaine dresse un portrait acéré et un peu désabusé de la société de son temps. Auréolé de gloire, il entre à l'Académie en 1683.

XVIIIe SIÈCLE

VOLTAIRE (Paris, 1694 Paris, 1778)

François-Marie Arouet prit le pseudonyme de Voltaire en 1718. Issu d'un milieu bourgeois, élève des jésuites au collège Louis-le-Grand, Voltaire fut un jeune homme mondain puis un libertin qui fit scandale. Son épigramme contre le Régent lui valut d'être embastillé un an. En 1718, sa pièce *Œdipe* connut un immense succès. Fortune, gloire, tout semble lui sourire mais une importante dispute avec le chevalier de Rohan le conduit, à nouveau, à la Bastille... Au sortir de prison, il s'exila en Angleterre. De retour en France, il publie ses *Lettres philosophiques,* violente mise en cause de la monarchie. Aussitôt poursuivi, il se réfugie auprès de Mme du Châtelet, au château de Cirey. Il y passera dix ans, s'adonnant au théâtre, à la philosophie, à l'histoire et aux pamphlets... Revenu à Versailles, il devient historiographe du roi et entre bientôt à l'Académie, mais le retour en grâce n'est que de courte durée. À la mort de Mme du Châtelet (1749), il passe trois ans à la cour de Frédéric II de Prusse où il termine son ouvrage consacré au siècle de Louis XIV... Ses années genevoises sont presque entièrement consacrées à l'engagement dans la bataille de l'Encyclopédie et à l'écriture de *Candide*. En 1759, il achète le château de Ferney où il demeure jusqu'en 1778, année qui voit son retour à Paris. Il y meurt quelques mois plus tard. Le Panthéon accueillera ses cendres en 1791.

Jean-Pierre Claris de Florian (Gard, 1755 Sceaux, 1794)

Petit-neveu de Voltaire qui lui fit découvrir les fables de La Fontaine, Jean-Pierre Claris de Florian entra au service du duc de Penthièvre et devint, en 1788, lieutenant-colonel. Auteur de romans chevaleresques et pastoraux *(Galatée)*, il est aussi connu pour ses *Fables* et ses *Chansons* dont le célèbre *Plaisir d'amour*. Pendant la Révolution, malgré son adhésion aux idéaux qu'elle prônait, il échappa de peu à la guillotine. Florian est considéré comme le plus grand fabuliste du XVIIIe siècle. Il entra à l'Académie française en 1788.

XIXe SIÈCLE

Marceline Desbordes-Valmore (Douai, 1786 Paris, 1859)

Issue d'une famille ruinée par la Révolution, Marceline Desbordes fut d'abord comédienne avant de se consacrer à la littérature. Elle épousa le comédien Prosper Lanchantin (dit Valmore) en 1817, puis, renonçant au théâtre en 1823, elle composa ses premiers poèmes. Sa vie fut une longue suite d'épreuves. En 1801, elle perdit sa mère qu'elle accompagnait en Guadeloupe et revint en France l'année suivante. Puis, pendant des moments difficiles, où l'argent venait à manquer, elle vit mourir quatre de ses enfants, ses sœurs, son frère et l'un de ses petits-enfants. Appréciée des romantiques et d'Aragon, entre autres, la poésie de Marceline Desbordes-Valmore est empreinte de sentiments mélancoliques sincères, et offre une grande musicalité.

Alphonse de Lamartine (Mâcon, 1790 Paris, 1869)

Après une enfance à Milly (au nord de Mâcon), très marquée par une fervente éducation religieuse, Lamartine voyage en Italie et s'intéresse à la poésie. Très choqué par la mort de Julie Charles avec laquelle il s'était lié, il rédige en 1820 les *Méditations*, recueil poétique qui connaît immédiatement un immense succès. Il entre à l'Académie française en 1829. Après quelques années consacrées à la diplomatie, Lamartine publie en 1830 le recueil *Harmonies poétiques et religieuses*, textes inspirés par la beauté des paysages italiens. Après un voyage en Orient, Lamartine est élu député, et l'insuccès de *Jocelyn*, puis de *La Chute d'un ange*, ne l'empêche pas de composer *Les Recueillements*. Il participa activement à la révolution de 1848. Élu triomphalement à la Constituante, il est cependant battu lors de l'élection à la présidence de la République, par le prince Napoléon. Il se retira alors de la vie politique et se consacra à son œuvre.

Alfred de Vigny (Loches, 1797 Paris, 1863)

Officier à partir de 1814, Alfred de Vigny, issu d'une famille noble ruinée, abandonne la vie de garnison en 1824 pour se consacrer à l'écriture. Fréquentant les milieux littéraires où il rencontre Victor Hugo, Alfred de Vigny est un habitué du salon de Charles Nodier. Quand, en 1826, il publie son premier roman *Cinq-Mars*, dans lequel il évoque les luttes d'une aristocratie brimée par la monarchie absolue, il connaît la gloire. Mais le désenchantement le gagne lorsque la révolution de 1830 place Louis-Philippe sur le trône. En 1837, très affecté par la mort de sa mère puis par la rupture avec la comédienne Marie Dorval,

Vigny s'installe en Charente. Après s'être présenté cinq fois à l'Académie française, il y est finalement élu le 8 mai 1845. Il meurt le 17 septembre 1863, après avoir passé ses dernières années à méditer.

VICTOR HUGO (Besançon, 1802 Paris, 1885)

Fils d'un général de Napoléon, Victor Hugo se destina très tôt à la carrière littéraire. À quinze ans, l'Académie française le récompense ; à dix-huit, il fonde un journal littéraire. À vingt ans, il épouse Adèle Foucher. Ses *Odes* paraissent mais prendront leur forme définitive en 1826 sous le titre *Odes et ballades*. En 1829, il confirme son talent de poète avec *Les Orientales* puis, deux ans plus tard, avec *Les Feuilles d'automne*. Hugo écrit aussi de nombreux drames, dont *Hernani* qui donna lieu à la célèbre bataille littéraire, ainsi qu'un roman *Notre-Dame de Paris*. En 1843, la mort de sa fille Léopoldine brise sa vie. Homme politique, il soutient dans un premier temps l'ascension de Louis-Napoléon Bonaparte mais, à la suite du coup d'État du 2 décembre 1851 qu'il n'approuve pas, il est contraint de s'exiler. À Jersey, où il s'installe un moment, il écrit *Les Châtiments*. En 1856, cette fois, habitant l'île de Guernesey, il rédige *Les Contemplations*. Trois ans plus tard, Victor Hugo termine la première série de *La Légende des siècles*. En 1862, il achève la rédaction des *Misérables*, roman commencé dès 1850. En 1868, il devient veuf et, trois ans plus tard, alors que sa fille Adèle est à l'asile, il perd un de ses fils. De retour d'exil en 1870, le plus grand écrivain du XIXᵉ siècle se consacre à sa vie de grand-père. En 1877, on lui doit *L'Art d'être grand-père* que lui inspirent ses deux petits-enfants, Jeanne (née en 1869) et Georges (né en 1868). L'œuvre poétique, théâtrale et romanesque de Victor Hugo est considérable. D'abord lyrique puis épique, son écriture quasi visionnaire est animée par une forme de sentiment religieux. Lorsqu'il meurt en 1885, il a droit à des funérailles nationales. Il est enterré au Panthéon.

GÉRARD DE NERVAL (Paris, 1808 Paris, 1855)

Gérard Labrunie, fils d'un médecin de la Grande Armée napoléonienne, prit le pseudonyme littéraire de de Nerval qui était le nom d'un clos appartenant à sa famille maternelle. Ayant perdu sa mère à l'âge de deux ans, il fut élevé dans le Valois puis vint à Paris poursuivre ses études au lycée Charlemagne (en 1826). C'est à partir de ce moment qu'il mène une vie insouciante en compagnie d'artistes et de jeunes écrivains tels que Pétrus Borel, Théophile Gautier. Très imprégné de littérature allemande, il traduit le *Faust* de Goethe en 1828, et commence la rédaction de pièces de théâtre et de contes fantastiques. En 1836, il s'éprend de l'actrice Jenny Colon dont il soutient la carrière financièrement et qui deviendra l'Aurélie, ou l'Aurélia, de son œuvre. Malheureusement, l'actrice se marie avec un flûtiste. Malgré les voyages qu'il fait à travers l'Europe, Gérard de Nerval n'oublie pas son égérie et connaît plusieurs crises qui le conduisent à l'asile. Il voyage en Orient et, à son retour, se lance dans l'étude de l'ésotérisme qui l'influencera dans l'écriture des *Chimères* notamment. Après de fréquents séjours en maison de soins, espacés de périodes plus limpides pendant lesquelles il compose ses œuvres maîtresses et en particulier les *Filles du Feu*, Nerval finit par se pendre une nuit de janvier, rue de la Vieille-Lanterne, à Paris.

ALFRED DE MUSSET (Paris, 1810 Paris, 1857)

Bien qu'il fît des études de droit, de musique et de médecine, Alfred de Musset décida très rapidement de se consacrer à la littérature. Il se lia d'amitié avec Alfred de Vigny, Sainte-Beuve et

Charles Nodier, et fut très vite admis dans le cénacle romantique dont il devint l'enfant prodige. Dès 1830, il écrivit des poèmes *(Contes d'Espagne et d'Italie)* mais ce sont surtout ses pièces de théâtre, dont les plus connues sont *On ne badine pas avec l'amour* et *Lorenzaccio*, qui le rendirent célèbre. C'est en 1833 que débuta sa passion pour George Sand qui allait profondément marquer sa vie et son œuvre. Les deux écrivains partent d'abord pour Fontainebleau puis pour Venise en 1834. Mais Musset tombe malade et l'auteur de *La Petite Fadette* s'éprend de Pagello, le médecin qui le soigne. De retour à Paris, à la suite de ruptures et de réconciliations houleuses, où la jalousie exacerbée de Musset envenime les choses, les deux amants se séparent. Dans *La Confession d'un enfant du siècle* (1836), roman largement autobiographique, Musset relatera l'histoire de cette douloureuse aventure amoureuse. Dans *Les Nuits* (1835-1837), il oppose les sentiments qui le tiraillèrent tout au long de sa vie, à savoir la tentation de la débauche et l'aspiration à la pureté. Malade, alcoolique, Musset écrivit quelques contes, des fantaisies poétiques et quelques œuvres teintées d'amertume. Il entre à l'Académie en 1852, mais meurt presque oublié en 1857.

Charles-Marie Leconte de Lisle (La Réunion, 1818 Voisins, 1894)

Né à la Réunion, Charles-Marie Leconte de Lisle passa néanmoins une partie de son enfance à Nantes, puis vécut sur son île natale de dix à dix-huit ans et de vingt-cinq à vingt-sept ans. Les souvenirs de ces époques inspireront une partie de son œuvre poétique. Après des études de droit à Rennes, il publie des poèmes dont il puise les thèmes dans l'Antiquité grecque. En 1848, déçu par l'échec de la IIe République, Leconte de Lisle abandonne la politique et se consacre à l'écriture. On lui doit les *Poèmes antiques* (1852) auxquels succèdent en 1862 les *Poèmes barbares*, vigoureuse critique des idées religieuses et du christianisme. Chef de file des parnassiens, il devient en 1873 bibliothécaire du Sénat, traduit *Homère*, et est élu à l'Académie française en 1886 au siège de Victor Hugo. Ses derniers recueils *Poèmes tragiques* (1884) et *Derniers poèmes* (1894) sont empreints d'un grand pessimisme.

Théophile Gautier (Tarbes, 1811 Neuilly-sur-Seine, 1872)

D'abord peintre, Théophile Gautier se dirige ensuite vers la littérature. Ardent défenseur de Victor Hugo à la représentation d'*Hernani*, ami de Gérard de Nerval et de Pétrus Borel, ses poèmes semblent cependant s'écarter du romantisme traditionnel. L'art, pour lui, est une quête de la beauté pure. Il annonce déjà Baudelaire qui lui dédicacera ses *Fleurs du mal*. En 1836, devenu journaliste, il propose des impressions de voyages (Espagne, Italie, Russie, Grèce, etc.). Gautier est l'auteur du célèbre *Capitaine Fracasse*, du ballet *Giselle*. Son recueil *Émaux et Camées* (1852), au rythme rare, traduit cette recherche de l'évasion qui l'inspira toujours.

Charles Baudelaire (Paris, 1821 Paris, 1867)

Baudelaire perdit son père à l'âge de six ans et le remariage de sa mère avec le commandant Aupick l'affligea beaucoup. Placé en pension, Baudelaire, par ailleurs excellent élève, commence une vie de bohème que sa famille voit d'un mauvais œil. Envoyé aux Indes sur l'ordre de son beau-père, il débarque sur l'île Bourbon dont l'exotisme le laissera nostalgique. À son retour, il affirme son dandysme comme un « symbole de la supériorité de son esprit » et se lie avec Jeanne Duval (la Vénus Noire). En 1845, sa famille lui impose un conseil judiciaire. Il devra désormais vivre de sa plume. D'abord critique d'art, il traduit les contes américains d'Edgar Poe et prépare son chef-d'œuvre poétique *Les Fleurs du mal.* En 1857, leur publication le conduit en correctionnelle où il est condamné pour immoralité. En 1864, il s'exile en Belgique dans l'espoir de donner plusieurs conférences. Terrassé par des troubles nerveux, il est ramené à Paris aphasique et paralysé. Il s'éteint pendant l'été de 1867.

CHARLES CROS (Fabrezan, 1842, Paris, 1888)

C'est son père, instituteur, qui se chargea de son instruction. Bachelier à seize ans, Charles Cros se passionna pour les langues orientales (hébreu, sanskrit) et les sciences mécaniques et physiques. Il sera l'inventeur d'un appareil à enregistrer les sons mais se verra supplanté par Edison. Il parviendra également à découvrir un procédé de photographie en couleurs. Ami d'Arthur Rimbaud et de Paul Verlaine, Charles Cros écrira des poèmes fantaisistes tels que *Le Hareng saur,* et des poèmes plus amples tel *Le Fleuve* qu'illustrera Manet.

STÉPHANE MALLARMÉ (Paris, 1842 Valvins, 1898)

Stéphane Mallarmé perdit sa mère jeune (à cinq ans). Après un séjour en Angleterre où il se maria, il devint professeur d'anglais dans divers postes de province puis fut nommé à Paris à partir de 1871. Dès 1866, Stéphane Mallarmé publia certains de ses poèmes dans la revue *Le Parnasse contemporain.* Paul Valéry verra dans la poésie de Mallarmé une force et des sensations qu'on retrouve dans l'impressionnisme pictural et musical de l'époque. Reconnu par les symbolistes, Mallarmé sera le parrain de leur école et connaîtra la célébrité grâce à Verlaine et Huysmans. Dès lors, les mardis de la rue de Rome verront défiler toujours plus de jeunes auteurs charmés par les réflexions du poète (Gide, Claudel, Valéry...). Il meurt brusquement en 1896. Son influence sur la conception moderne de la poésie sera considérable.

FRANÇOIS COPPÉE (Paris, 1842-1908)

Dès son premier recueil, *Le Reliquaire* (1866), François Coppée se définit comme un véritable parnassien. Il collabore au *Parnasse contemporain* puis, peu à peu, se tourne vers une poésie plus réaliste. Coppée connut un grand succès grâce à sa pièce de théâtre *Le Passant* et devint la référence du peuple en matière de littérature et de poésie. Il compose *Les Humbles* (1872), *Promenades et intérieurs* (1872), et plusieurs autres recueils dans lesquels il décrit les souffrances et la modestie des gens de peu. Il entre à l'Académie française en 1884.

JOSÉ MARIA DE HEREDIA (Santiago de Cuba, 1842 Condé-sur-Vesgre, 1905)

Descendant des conquistadores espagnols, José Maria de Heredia est d'origine cubaine mais c'est en France qu'il fit ses études. Élève de l'École des chartes, il acquiert une grande culture et compose des vers dès 1862. Ami de Sully Prudhomme, de Catulle Mendès, il vénéra Leconte de Lisle et, grâce à lui, publia ses premiers écrits dans *Le Parnasse contemporain.* Ses poèmes furent réunis en 1893 sous le titre *Les Trophées* et connurent un immense succès. Académicien en 1895, administrateur de la bibliothèque de l'Arsenal en 1901, José Maria de Heredia, dans ses *Trophées,* conduit son lecteur de l'Antiquité grecque à la fin du XIXe siècle.

Paul Verlaine (Metz, 1844 Paris, 1896)

Né à Metz, Paul Verlaine vient poursuivre ses études à Paris. Devenu bachelier, il est employé dans les bureaux de l'Hôtel de Ville. Dès 1866, il publie son premier recueil de vers les *Poèmes Saturniens* qui, bien que s'affirmant dans la droite ligne de la poésie parnassienne révèle d'emblée l'originalité du poète. À peine marié à Mathilde Mauté de Fleurville, il se lie à Rimbaud (1871) et commence avec le jeune homme une vie de vagabondage en Angleterre et en Belgique. À Bruxelles, en 1873, il blesse Rimbaud d'un coup de revolver. Il est condamné à deux ans de prison, période pendant laquelle, rongé de remords, il renoue avec la foi et écrit son recueil *Sagesse.* Au sortir de prison, Verlaine essaie de mettre en pratique son idéal chrétien, mais bien vite, alors que sa renommée de poète grandit, ses vieux démons le précipitent un peu plus chaque jour vers la déchéance. Celui qu'on surnomma le Prince des Poètes mourut miséreux, mais une foule d'admirateurs l'accompagna cependant jusqu'à sa dernière demeure.

Maurice Rollinat (Châteauroux, 1846 Ivry, 1903)

Filleul de George Sand, Maurice Rollinat écrivit des poèmes rustiques et des ballades dans lesquels il évoque les paysages berrichons et ceux de l'Île-de-France. Ami de Guy de Maupassant et de Charles Cros, il est surtout connu pour ses pièces macabres *(Névroses)* écrites en 1883. On reprocha toutefois à ses poèmes de ressembler, par leur forme et leurs idées, à la poésie baudelairienne. Atteint de maladie mentale, il se retira dans la Creuse où il produisit des textes au caractère folklorique et satanique.

Jean Richepin (Médéa, Algérie, 1849 Paris, 1926)

Après des études brillantes à l'École normale supérieure, Jean Richepin s'engage pendant la guerre de 1870 puis mène une vie d'errance : on le retrouve docker à Naples, et il exerce divers métiers. De retour à Paris dès 1875, il fréquente la bohème littéraire et produit une œuvre où la révolte tient une place importante. Prenant parti pour les marginaux, son recueil *La Chanson des gueux* (1876) connaît un vif succès mais le mène un mois en prison pour outrage aux bonnes mœurs. Jean Richepin est l'auteur de romans populaires comme *La Glu* (1881), ou *Miarka, la fille à l'ours* (1883). On lui doit également un drame en vers, *Le Chemineau* (1897). Il entre à l'Académie française en 1908.

Guy de Maupassant (Château de Miromesnil, Seine-Maritime, 1850 Paris, 1893)

Guy de Maupassant connut une enfance heureuse en Normandie. Interne au lycée de Rouen en 1867, il devient le correspondant de Flaubert (un ami de sa mère) et du poète Louis Bouilhet. Flaubert lui enseigna la haine du bourgeois, et, pendant la débâcle de 1870, il occupe un emploi administratif à Paris. Flaubert l'introduit alors dans les cercles littéraires du moment que fréquentent Émile Zola et Huysmans, entre autres. Le succès de *Boule de suif* (1880), une des nouvelles du recueil *Les Soirées de Médan*, le place parmi les auteurs les plus appréciés de cette fin du XIXe siècle. Guy de Maupassant gardera toujours cette réputation de maître de la nouvelle et du conte, genres dans lesquels il évoque sa Normandie, des souvenirs de guerre, le ridicule des cénacles parisiens. On lui doit aussi quelques poèmes très touchants.

À partir de 1884, il voyage en Angleterre, en Afrique, et commence à connaître des troubles psychiques. Il meurt, après dix-huit mois d'internement, sans avoir recouvré la raison.

ARTHUR RIMBAUD (Charleville, 1854 Marseille, 1891)

Né à Charleville en 1854, Arthur Rimbaud fait des études brillantes et révèle un talent très précoce pour la poésie que remarque son professeur Georges Izambard. Mais très vite il s'oppose à l'éducation sévère de sa mère et commence à vouloir quitter le carcan familial. Quand éclatent les événements de 1870-71, il fait une première tentative pour rejoindre Paris. Très vite arrêté, car il voyageait sans billet, Izambard le ramène à Charleville. Brûlant de faire publier ses vers, il les envoie à Verlaine qui l'invite à rejoindre la Capitale, ce qu'il fait en septembre. Une amitié à la fois chaotique et créatrice commence. Les deux amis errent en Angleterre, en Belgique, et c'est à Bruxelles, au cours d'une soirée d'ivresse, que Verlaine tire sur Rimbaud et se retrouve en prison pendant deux ans. Rimbaud achève, cette année-là, *Une saison en enfer*. Il rencontre, vers la fin de 1873, Germain Nouveau, un poète de vingt-deux ans qui l'aide à recopier *Les Illuminations*. Mais Nouveau ne suivra pas le « voyant » dans ses périples. Á vingt et un ans, fidèle peut-être à « l'adieu » lancé à la fin d'*Une saison en enfer*, le poète se tait définitivement et Rimbaud commence une vie résolument nouvelle. Il s'engage dans l'armée hollandaise, part à Java et déserte. Après un bref retour en Europe, il s'installe tantôt à Aden en Arabie, tantôt au Harar en Abyssinie, où il vit désormais du commerce des armes et de négoce. En dix ans, les affaires de « l'homme aux semelles de vent » sont devenues prospères, mais une tumeur au genou droit l'oblige à regagner la France. Rongé par la gangrène, sa jambe finalement amputée, il meurt à Marseille le 10 novembre 1891 : il a, alors, trente-sept ans. La brièveté et la fulgurance de son activité poétique, le mystère qui entoure son choix du silence constitueront autour de lui un véritable mythe.

ÉMILE VERHAEREN (Saint-Amand, près d'Anvers, 1855 Rouen, 1916)

Poète belge, Émile Verhaeren, après des études universitaires à Louvain, se consacre à la littérature. Dans ses poèmes, il évoque les paysages de la Flandre mais aussi la grandeur du travail humain et du monde moderne. En proie à des angoisses qui le font douter de ses capacités intellectuelles, Émile Verhaeren écrit *Les Campagnes hallucinées* (1893) puis *Les Villes tentaculaires* (1895). Suivront d'autres recueils de textes inspirés par la confiance qu'il avait – un peu à la manière de Nietzsche ou de Hugo – dans le pouvoir de l'homme et le progrès technique. De son vivant, il connaît un vif succès et reste l'un des plus grands poètes belges de langue française. Il meurt, en 1916, écrasé par un train en gare de Rouen.

ALBERT SAMAIN (Lille, 1858, Magny-les-Hameaux, 1900)

Son premier recueil lyrique, *Au Jardin de l'Infante* (1893), dont François Coppée fit l'éloge, lui valut une relative notoriété. Lorsque, à quatorze ans, son père meurt, il abandonne ses études pour faire vivre sa famille. Influencé par la poésie de Verlaine et de Baudelaire, Albert Samain fait preuve d'un romantisme désenchanté qui prendra toute sa puissance dans son dernier recueil, publié un an après sa mort, *Le Chariot d'or*. Il écrivit également des contes qui parurent après sa mort.

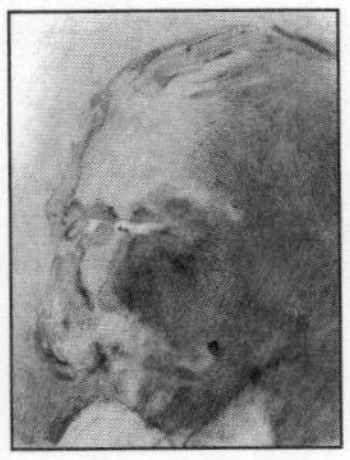

Charles Van Lerberghe (Gand, Belgique, 1861 Bruxelles, 1907)

Après des études littéraires à Gand, où il fut le disciple de Maeterlinck, Charles Van Lerberghe rédigea un drame symboliste en 1889, *Les Flaireurs*, qui donna le coup d'envoi au genre théâtral de l'angoisse. Dès 1886 il publia ses premiers poèmes dans *La Pléiade* et dans la revue belge *Le Parnasse de la jeune Belgique*. Bien qu'il soit peu connu parmi les grands symbolistes, Van Lerberghe est l'auteur d'une des œuvres très accomplies du début du XXe siècle. Son écriture, tout en fluidité, au lyrisme délicat, où il cherche à rendre compte de la présence dans l'univers de l'être et du paraître, lui valut le surnom de « poète au crayon d'or ».

Henri de Régnier (Honfleur, 1864 Paris, 1936)

D'origine aristocratique, Henri de Régnier, après des études de droit, fréquenta assidûment les « mardis » du poète Stéphane Mallarmé qui réunissait chaque semaine dans son appartement de la rue de Rome la fine fleur des poètes symbolistes. Ami des parnassiens, il épousa l'une des filles de José Maria de Heredia, elle-même poétesse et romancière, connue en littérature sous le nom de Gérard d'Houville. L'œuvre poétique de Régnier, imprégnée de l'Antiquité, est symboliste, avec un goût prononcé pour le vers libre. Citons, parmi d'autres, *Les Jeux rustiques et divins* (1897) ou *La Cité des eaux (1902)*. Henri de Régnier fut aussi romancier et homme de théâtre, et le théâtre de l'Œuvre, à Paris, donna certaines de ses pièces. Il entra à l'Académie française en 1911.

XXe SIÈCLE

Paul Valéry (Sète, 1871 Paris, 1945)

Né à Sète en 1871, Paul Valéry, déplorant d'être insuffisamment mathématicien pour faire l'École navale, s'inscrit en Faculté de droit tout en éprouvant un vif intérêt pour la poésie et les beaux-arts. Très marqué par la lecture de Huysmans puis de Mallarmé avec lequel il entre en contact, il écrit dès cette époque une centaine de poèmes. Mais au cours d'une nuit d'intense réflexion à Gênes en 1892, il décide de renoncer à la création littéraire pour se consacrer à l'exercice pur de la pensée. À l'exception de quelques essais dont *La Soirée avec M. Teste*, s'ensuit une vingtaine d'années de « silence » qu'il passe au ministère de la Guerre puis auprès d'Édouard Lebey à l'agence Havas. Pendant ces années, sa préoccupation majeure est de s'attacher à l'observation du fonctionnement de « l'intellectuel ». Il s'astreint à noter tous les matins, dès l'aube, ses réflexions sur tous les phénomènes de l'esprit en état de veille, en état de rêve… Tout au long de sa vie, il s'imposera de poursuivre la tenue de ses *Cahiers*. Durant cette période, il fréquente néanmoins assidûment les milieux artistiques, peintres, écrivains, musiciens, et il devient l'un des fidèles de Mallarmé. À l'occasion de la publication par Gallimard de ses vers anciens, il renoue avec la poésie en écrivant *La Jeune Parque* (1917) puis *Charmes* (1922). Le succès est très vite immense puisqu'il est désigné, alors, comme étant le plus grand des poètes contemporains. Il entre à l'Académie en 1925 et devient titulaire de la chaire de Poétique du Collège de France. Dès lors sa notoriété ira sans cesse grandissante : il dira de lui-même qu'il est devenu « une espèce de poète d'État ». À sa mort en 1945, il eut des funérailles nationales. Il est enterré à Sète.

ROSEMONDE GÉRARD (Paris, 1871 Paris, 1953)

Rosemonde Gérard fut la femme de l'écrivain Edmond Rostand, et se fit connaître par son premier recueil de poésies, *Les Pipeaux*, en 1889. Elle est l'auteur de deux autres recueils de poèmes, *Les Papillotes* (1931) suivi de *Féeries*, en 1933. En compagnie de son fils, elle écrivit des pièces de théâtre dont *La Tour Saint-Jacques*, en 1931.

PAUL FORT (Reims 1872 Argenlieu, 1960)

À dix-huit ans, Paul Fort crée le Théâtre d'art (1890) et abandonne sa préparation à Saint-Cyr pour se consacrer à la poésie. Ses premiers poèmes furent publiés dans des revues comme *Le Mercure de France* ou *L'Ermitage*. Puis il devint l'animateur de la revue *Vers et Prose*, de 1905 à 1914. Sa poésie, proche de la chanson populaire, reprend la tradition de la ballade. Il commença dès 1896 à la publier et regroupera tous ses textes, jusqu'en 1951, en quarante volumes intitulés *Ballades françaises*. Certains de ses poèmes sont devenus des classiques du genre, tels que *La ronde autour du monde* ou *Le Bonheur*. Paul Fort a également écrit des *Mémoires* et mis certains de ses textes en scène. En 1912, il fut élu « prince des poètes ».

ANNA DE NOAILLES (Paris, 1876 Paris, 1933)

Anna de Noailles, comtesse Mathieu de Noailles, était d'origine grecque du côté de sa mère et roumaine par son père (prince Brancovan). Vive, intelligente, libre d'esprit et affichant volontiers – parfois avec une certaine ostentation peut-être – une sorte de distance par rapport aux us et coutumes de la haute aristocratie à laquelle elle appartient, elle entraînera cependant son mari dans un dreyfusisme ardent et sincère, au grand scandale de l'immense majorité du faubourg Saint-Germain. Ses textes, que Charles Maurras définissait comme faisant partie du « romantisme féminin », sont d'une forme néo-classique, très lyrique. Depuis *Le Cœur innombrable* (1901) jusqu'à *L'Honneur de souffrir* (1927), Anna de Noailles semble inspirée par la sensualité de la nature, par l'émotion que procure la vie, mais on sent, au fur et à mesure que l'œuvre progresse, que cette sensation est brisée par la peur de la mort, la douleur de voir partir ceux qu'on aime, la mélancolie des séparations. Ses derniers poèmes relèvent d'une inquiétude devant le destin humain. Anna de Noailles a publié plusieurs romans, tels que *La Nouvelle Espérance* (1903), *Le Visage émerveillé* (1904), ainsi que des mémoires, *Le Livre de ma vie*.

MAX JACOB (Quimper, 1876 camp d'internement de Drancy, 1944)

Israélite né en Bretagne, Max Jacob mène une vie de bohème, en particulier à Montmartre auprès de Picasso, Carco, Dorgelès, et il rencontra Guillaume Apollinaire. En 1909, après une « apparition » du Christ, il se convertit au catholicisme et deviendra en 1915 le filleul de Picasso. À partir de 1921, il se retire à l'abbaye de Saint-Benoît-sur-Loire où il écrira une œuvre importante. Il fit quelques voyages à l'étranger, revint épisodiquement à Paris mais resta fidèle à cette abbaye. En 1944, la police nazie l'arrêta à Saint-Benoît et il fut déporté à Drancy où il mourut. Sa poésie est à la fois burlesque et mystique, non sans humour. Il laisse une œuvre de romancier et de poète qui n'est pas, à ce jour, totalement publiée.

Guillaume Apollinaire (Rome, 1880 Paris, 1918)

L'inventeur du mot “surréalisme”, Guillaume Apollinaire, de son vrai nom Wilhelm Apollinaris de Kostrowitzky, était le fils naturel d'un officier italien et de la fille d'un noble balte. Il séjourna en France, fit des études irrégulières et voyagea en Allemagne où il devint précepteur. En 1903, il devint employé de banque à Paris. C'est à partir de ce moment qu'il rédige ses premiers poèmes, qui seront publiés dans diverses revues telles que *La Plume*, *La Revue blanche*. Fréquentant les intellectuels de l'époque, il se lia d'amitié avec Alfred Jarry, Picasso, Braque. Épris de Marie Laurencin, c'est à l'issue de leur rupture qu'il écrira le célèbre *Pont Mirabeau*. Avant la guerre, il fonda plusieurs revues littéraires, fut critique d'art et publia, en 1913, *Alcools*. En 1914, il se fait naturaliser français et s'engage dans l'armée. Mais il reviendra du front, blessé à la tempe, en 1916. Il devait mourir deux ans plus tard, deux jours avant l'Armistice, le 9 novembre 1918.

Lucie Delarue-Mardrus (Honfleur, 1880 Château-Gontier, 1945)

Lorsqu'elle épouse, en 1900, le docteur Mardrus, Lucie Delarue et son jeune fiancé firent sensation dans leur tenue de cyclistes. Femme de lettres, elle restitua dans ses poèmes l'atmosphère de sa province normande. Lucie Delarue-Mardrus fut aussi une romancière dont les récits ont pour thèmes l'amour et la famille, la mer et la terre. Elle produisit de nombreux recueils de poésies. Citons, entre autres, *Occident* (1900), *Ferveur* (1902), *La Figure de proue* (1908) ou encore *Souffles de tempête* (1914). Elle sera l'auteur en 1926 d'une biographie de Thérèse de Lisieux. En 1938, elle publia ses *Mémoires*.

Jules Supervielle (Montevideo, 1884 Paris, 1960)

Né en Uruguay de parents basques, orphelin à huit mois, Jules Supervielle passa sa vie entre le Sud-Ouest de la France et l'Amérique du Sud, élevé par un oncle et une tante. On lui doit des nouvelles, des récits, des pièces de théâtre et une œuvre poétique considérable. Citons, parmi d'autres, *Brumes du passé* (1900), *Les Poèmes de l'humour triste* (1919), *Gravitations* (1925) ou encore *Le Corps tragique* (1959). S'écartant du surréalisme, sa poésie évoque un univers fantastique de métamorphoses. À partir d'objets les plus simples, de sensations et de sentiments universels, il tisse une œuvre qui d'abord s'inspire des paysages et de l'exotisme sud-américains, pour s'orienter, à la fin de sa vie, vers l'étude du corps humain et son fonctionnement. Usant du vers libre, la poésie de Supervielle connut un vif succès dans cette première moitié du XXe siècle. À partir de 1946, il fut nommé attaché culturel à Paris par l'Uruguay. Deux autres poètes français célèbres, Jules Laforgue et Lautréamont, sont nés à Montevideo.

Francis Carco (Nouméa, Nouvelle-Calédonie, 1886 Paris, 1958)

François Carcopino-Tusoli, qui plus tard prit le pseudonyme de Francis Carco, passa son enfance en Nouvelle-Calédonie où son père, administrateur des Domaines, était affecté. À Paris, Carco fonde, dès 1912, avec Tristan Klingsor, Tristan Derême et Jean-Paul Toulet, le mouvement fantaisiste, hostile aux excès néo-symbolistes du moment. Francis Carco est également l'auteur de romans populaires qui retracent l'ambiance bohème de Montmartre, des mauvais garçons, le « milieu ». Le plus célèbre d'entre eux étant *Jésus La Caille*. Francis Carco a rédigé plusieurs biographies consacrées, entre autres, à Verlaine, Utrillo, Nerval. Certains de ses romans ont été adaptés pour le cinéma.

PAUL ÉLUARD (Saint-Denis, Seine-Saint-Denis, 1895 Paris, 1952)

Enfant, Eugène Grindel (il prit le nom de sa grand-mère maternelle pour pseudonyme quand il commença à écrire), passa un long séjour en sanatorium (1912). Pendant la Première Guerre mondiale, il fut infirmier et fantassin, et publia son premier recueil de poèmes en 1917, *Le Devoir et l'inquiétude,* et rencontra André Breton, Louis Aragon et Tristan Tzara... Paul Éluard est l'un des fondateurs du mouvement surréaliste, il participa également au mouvement Dada. Adhérent dès 1926, il est exclu du parti communiste en 1933. Il y adhérera à nouveau en 1943. Durant la Deuxième Guerre mondiale, il est l'un des poètes les plus engagés dans la lutte antifasciste et dans la Résistance. Toute l'œuvre d'Éluard est partagée entre cette poésie engagée et l'affirmation d'un intense lyrisme amoureux.

LOUIS ARAGON (Neuilly-sur-Seine, 1897 Paris, 1982)

Louis Aragon fit des études de médecine et, mobilisé en 1917, il rencontra André Breton, lui même médecin. Cofondateurs avec Philippe Soupault de la revue *Littérature* (1919), les deux amis rejoignent le mouvement Dada de Tristan Tzara mais l'abandonnent dès 1921 pour fonder le mouvement surréaliste. Cependant, son adhésion au parti communiste (1927) puis la rencontre de sa femme Elsa Triolet, sœur du poète Maïakovski, orientent Aragon vers une conception beaucoup plus militante du rôle de l'intellectuel au service de la Révolution. Très engagé dans la lutte antifasciste et dans la Résistance, il fonde avec Jacques Decour *Les Lettres Françaises.* Jusqu'à la fin de sa vie, son inspiration sera dominée par deux thèmes majeurs : sa passion pour Elsa et son engagement pour la cause communiste. Il laisse une œuvre poétique et romanesque qui, par son ampleur, en fait un des auteurs majeurs du XXe siècle.

PHILIPPE SOUPAULT (Chaville, 1897 Paris, 1990)

Aux côtés d'André Breton et de Louis Aragon, il figurera parmi les poètes dadaïstes, puis surréalistes, et sera un des créateurs de la revue *Littérature.* En 1920, avec Breton, il rédige le célèbre recueil *Les Champs magnétiques*, textes créés au moyen de l'écriture automatique. Puis Philippe Soupault voyage à travers le monde. Devenu journaliste et romancier, il prend part à la Résistance pendant la Deuxième Guerre mondiale en combattant la propagande nazie sur Radio-Tunis. Philippe Soupault sera aussi homme de théâtre.

MAURICE CARÊME (Wavre, Belgique, 1899 Bruxelles, 1978)

Maurice Carême fut instituteur et, à partir de 1942, il se consacra à la littérature. On lui doit surtout des poèmes destinés aux enfants qui, sous l'apparence d'une simplicité thématique, renferment de profondes réflexions sur l'existence. Ses recueils *La Lanterne magique* (1947) ou *L'Arlequin* (1970) participent de ce parti pris. Il est aussi l'auteur de textes tragiques, tels que *Brabant* (1967) ou *Complaintes* (1975). La poésie de Carême connaît un grand succès auprès des enfants et beaucoup de ses textes ont été mis en musique.

Robert Desnos (Paris, 1900 Terezin, Tchécoslovaquie, 1945)

Robert Desnos marqua profondément le mouvement surréaliste tant il se révéla doué pour l'écriture automatique et les expériences de sommeil hypnotique. Mais il s'écarta ensuite du mouvement pour composer une poésie à l'accent nervalien, quasi romantique. Passionné par le cinéma et la radio, il anima quelques émissions radiophoniques. Résistant pendant la Deuxième Guerre mondiale, il fut arrêté et déporté au camp de concentration de Terezin où il mourut. Robert Desnos est l'auteur de nombreux poèmes pour enfants, dont le célèbre recueil *Chantefables et Chantefleurs* (1945).

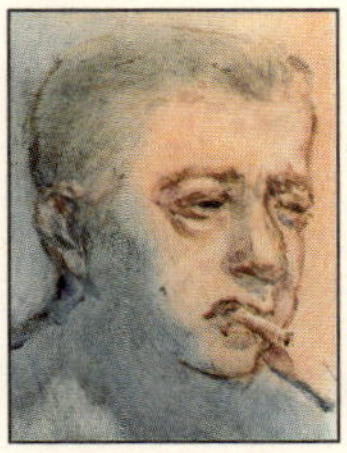

Jacques Prévert (Neuilly-sur-Seine, 1900 Omonville-la-Petite, 1977)

Tout d'abord membre du mouvement surréaliste, de 1925 à 1929, Jacques Prévert s'écarte du groupe après son désaccord avec André Breton. Il publie ses poèmes dans diverses revues mais c'est son recueil *Paroles* (1945), adopté par la jeunesse de l'après-guerre, diffusé à plus de un million d'exemplaires, qui le place parmi les poètes les plus importants du XXe siècle. Sa poésie, différente de toutes les autres, exprime les sentiments les plus simples, de la mélancolie à la colère en passant par la tendresse. Populaire, Jacques Prévert sera aussi, en compagnie de son frère Pierre, l'un des plus grands dialoguistes de cinéma. On lui doit entre autres : *Drôle de drame*, *Quai des brumes* et *Les Enfants du paradis*, de Marcel Carné.

Raymond Queneau (Le Havre, 1903 Neuilly, 1979)

Licencié de philosophie, Raymond Queneau suivit des études de mathématiques et collabora au mouvement surréaliste, tout en s'intéressant à la psychanalyse. Son premier roman *Le Chiendent* (1933), publié aux Éditions Gallimard, lui permit d'entrer au comité de lecture de la NRF. Avec son roman *Zazie dans le métro*, il connut un immense succès, et le roman fut porté à l'écran par Louis Malle. Le poème *Si tu t'imagines*, qui donne son nom au recueil paru en 1952, est devenu une chanson interprétée par les artistes de Saint-Germain-des-Prés (Mouloudji et surtout Juliette Gréco) dans les années 50. Raymond Queneau fut le créateur de *L'Oulipo* (Ouvroir de littérature potentielle), ayant pour motivation l'étude des formes du langage parlé voire argotique, auquel se mêlent les jeux du langage.

Crédits

La pêche d'Ysengrin, anonyme XIIᵉ-XIIIᵉ siècle, *Le Roman de Renart*, adapté en français moderne par Jacques Charpentreau (extrait)

Que sont mes amis devenus ? (extrait), Rutebeuf, *La complainte de Rutebeuf*, adapté en français moderne par Jacques Charpentreau, XIIIᵉ siècle

Le printemps, Charles d'Orléans, *Rondeau* LXIII (traduction P. Champion), XVᵉ siècle

Ballade des dames du temps jadis, François Villon, *le Testament*, 1461

Heureux qui, comme Ulysse..., Joachim du Bellay, *Regrets* XXXI, 1558

Mignonne, allons voir si la rose..., Pierre de Ronsard, *Odes* I, 17, 1550

Quand vous serez bien vieille..., Pierre de Ronsard, *Sonnets pour Hélène* II, XLIII, 1578

Je vous envoie un bouquet..., Pierre de Ronsard, Pièces retranchées des *Amours de Marie*, 1555-1556

Tant que mes yeux..., Louise Labé, 1555

La solitude (extrait), Théophile de Viau, 1626

Le paresseux, Saint-Amant, *Oeuvres poétiques*, vers 1629

Le Corbeau et le Renard, Jean de La Fontaine, *Fables*, Livre I, II, 1668

Le Loup et l'Agneau, Jean de La Fontaine, *Fables*, Livre I, X, 1668

Le Lièvre et la Tortue, Jean de La Fontaine, *Fables*, Livre VI, X, 1668

La Cigale et la Fourmi, Jean de La Fontaine, *Fables*, Livre I, I, 1668

Le Lion et le Rat, Jean de La Fontaine, *Fables*, Livre II, XI, 1668

La Laitière et le pot au lait, Jean de La Fontaine, *Fables*, Livre VII, X, 1668

Le Chêne et le Roseau, Jean de La Fontaine, *Fables*, Livre I, XXII, 1668

Les deux pigeons, Jean de La Fontaine, *Fables*, Livre IX, III, 1668

Poème sur le désastre de Lisbonne (extrait), 1756, François-Marie Arouet, dit Voltaire

Plaisir d'amour, chanson de Jean-Pierre Claris de Florian

Les roses de Saadi, vers 1848, Marceline Desbordes-Valmore, *Poésies inédites*, Fick 1860

L'automne, 1815-1819, Alphonse de Lamartine, *Méditations poétiques*, Nicolle 1820

Le vallon (extrait), 1819, Alphonse de Lamartine, *Méditations poétiques*, Nicolle 1820

Le lac, 1817, Alphonse de Lamartine, *Méditations poétiques*, Nicolle 1820

Le cor (extrait), 1825, Alfred de Vigny, *Poèmes antiques et modernes*, 1826

La Maison du Berger, (extrait) 1840-1844, Alfred de Vigny, *Destinées*, Louis Ratisbonne 1864

Lorsque l'enfant paraît... (extraits), 1830, Victor Hugo, *Les Feuilles d'automne,* XIX, Eugène Renduel 1831

Oceano nox, 1836, Victor Hugo, *Les Rayons et les ombres,* XLII, Delloye 1840

Elle avait pris ce pli..., 1846, Victor Hugo, *Contemplations* livre quatrième, *Pauca mea*, Bruxelles, Hetzel 1856

Demain, dès l'aube, 1847, Victor Hugo, *Contemplations* livre quatrième, *Pauca mea*, Bruxelles, Hetzel 1856

Après la bataille, 1850, Victor Hugo, *La Légende des siècles*, Bruxelles, Hetzel 1859

L'expiation (extrait), 1852, Victor Hugo, *Les châtiments*, Bruxelles, Hetzel 1853

La conscience, Victor Hugo, *La Légende des siècles*, Bruxelles, Hetzel 1859

Jeanne était au pain sec..., 1878, Victor Hugo, *L'Art d'être grand-père*, Calman-Lévy, 1877

El Desdichado, 1853, Gérard de Nerval, *Les Filles du feu*, 1854

Une allée du Luxembourg, 1832, Gérard de Nerval, *Petits châteaux de Bohême* in *Odelettes*, 1853

Fantaisie, 1832, Gérard de Nerval, *Petits châteaux de Bohême* in *Odelettes*, 1853

Ballade à la lune, 1829, Alfred de Musset, *Contes d'Espagne et d'Italie*, Levasseur 1829

La nuit de mai (extrait), 1835, Alfred de Musset, *Rolla* in *Poésies nouvelles*, Charpentier 1850

La nuit de décembre (extrait) 1835, Alfred de Musset, *Rolla* in *Poésies nouvelles*, Charpentier 1850

Le coin du feu, Théophile Gautier, *Poésies*, Mary, 1830

Le chant du grillon, Théophile Gautier, *Poésies*, Mary, 1830

Midi, Charles-Marie Leconte de Lisle, *Poèmes antiques*, Alphonse Lemerre, 1874

La mort du soleil (extrait), Charles-Marie Leconte de Lisle, *Poèmes barbares*, Alphonse Lemerre 1862

Le sommeil du condor, Charles-Marie Leconte de Lisle, *Poèmes barbares*, Alphonse Lemerre, 1862

Les elfes, Charles-Marie Leconte de Lisle, *Poèmes barbares*, Alphonse Lemerre, 1862

L'homme et la mer, 1852, Charles Baudelaire, *Les Fleurs du mal*, Poulet-Malassis, 1857

L'invitation au voyage, 1855, Charles Baudelaire, *Les Fleurs du mal*, Poulet-Malassis, 1857

La vie antérieure, 1855, Charles Baudelaire, *Les Fleurs du mal*, Poulet-Malassis, 1857

Le chat, Charles Baudelaire, *Les Fleurs du mal*, Poulet-Malassis, 1857

Spleen, Charles Baudelaire, *Les Fleurs du mal*, Poulet-Malassis, 1857

La servante au grand cœur..., avant 1844 (?), Charles Baudelaire, *Les Fleurs du mal*, Poulet-Malassis, 1857

Harmonie du soir, 1857, Charles Baudelaire, *Les Fleurs du mal*, Poulet-Malassis, 1857

L'albatros, 1841-1859, Charles Baudelaire, *Les Fleurs du mal*, Poulet-Malassis, 2ème édition 1861

Recueillement, 1861, Charles Baudelaire, *Les Fleurs du mal*, Poulet-Malassis, 3ème édition 1868

Le hareng saur, 1872, Charles Cros, *Le coffret de santal*, Tresse, 1879

Apparition, 1863, Stéphane Mallarmé, in *La Revue indépendante*, 1887

L'Azur, Stéphane Mallarmé, in *La Revue indépendante*, 1887

Brise marine, 1865, Stéphane Mallarmé, in *La Revue indépendante*, 1887

Le vierge, le vivace..., Stéphane Mallarmé, *Plusieurs Sonnets*, Librairie Gallimard, 1885

Promenades et Intérieurs, François Coppée, Alphonse Lemerre, 1866

Soleil couchant, 1868, José Maria de Heredia, *Les Trophées*, Alphonse Lemerre, 1893

Les conquérants, 1869, José Maria de Heredia, *Les Trophées*, Alphonse Lemerre, 1893

Crédits

Épiphanie, 1886-1887, José Maria de Heredia, *Les Trophées*, Alphonse Lemerre, 1893
La sieste, José Maria de Heredia, *Les Trophées*, Alphonse Lemerre, 1893
Chanson d'automne, 1864, Paul Verlaine, *Poèmes saturniens*, Alphonse Lemerre, 1866
Mon rêve familier, 1866, Paul Verlaine, *Poèmes saturniens*, Alphonse Lemerre, 1866
Colloque sentimental, Paul Verlaine, *Fêtes galantes*, Alphonse Lemerre, 1869
Green, 1872, Paul Verlaine, *Romances sans paroles*, Sens, 1874
Le ciel est, par-dessus le toit..., 1873, Paul Verlaine, *Sagesse*, Société générale de librairie catholique, 1881
Ariettes oubliées, Paul Verlaine, *Romances sans paroles*, Sens, 1874
Art poétique, 1874, Paul Verlaine, *Jadis et naguère*, Vanier 1884
Le liseron, Maurice Rollinat, *Les névroses, les refuges*, Bibliothèque Charpentier, 1906
La biche, Maurice Rollinat, *Les névroses, les refuges*, Bibliothèque Charpentier, 1906
La mort de l'automne, Jean Richepin, *Les Caresses*, XXX, Bibliothèque Charpentier 1909
Nuit de neige, Guy de Maupassant, *Des vers*, 1880
Sensation, mars 1870, Arthur Rimbaud, *Poésies complètes*, III, Vanier 1895
Ophélie, Arthur Rimbaud, *Poésies complètes*, VI, Vanier 1895
Les effarés, 20 septembre 1870, Arthur Rimbaud, *Poésies complètes*, XII, Vanier 1895
Roman, 29 septembre 1870, Arthur Rimbaud, *Poésies complètes*, XIII, Vanier 1895
Le dormeur du val, octobre 1870, Arthur Rimbaud, *Poésies complètes*, XVIII, Vanier 1895
Le buffet, octobre 1870, Arthur Rimbaud, *Poésies complètes*, XXII, Vanier 1895
Ma bohème, 1870, Arthur Rimbaud, *Poésies complètes*, XXIII, Vanier 1895
Le bateau ivre, 1870, Arthur Rimbaud, *Poésies complètes*, XLI, Vanier 1895
Voyelles, 1870, Arthur Rimbaud, *Poésies complètes*, XLII, Vanier 1895
Ô saisons, ô chateaux, Arthur Rimbaud, *Poésies complètes*, LXXXIV, Vanier 1895
Le vent, Emile Verhaeren, *Les Villages illusoires*, Bruxelles Denain 1895
Les hôtes, Émile Verhaeren, *Les Visages de la vie*, 1910
Le chaland, Émile Verhaeren, *Les Villages illusoires*, Bruxelles, Denain 1895
Le matin sur le port, Albert Samain, *Le Chariot d'or*, Le Mercure de France, 1901
Le repas préparé, Albert Samain, *Aux flancs du vase*, Le Mercure de France, 1898
Ma sœur la Pluie, 1901, Charles van Lerberghe, *La chanson d'Ève*, Le Mercure de France, 1904
Le jardin mouillé, Henri de Régnier, *Les médailles d'argile*, Le Mercure de France, 1900
Le cimetière marin, Paul Valéry, *Charmes*, © Gallimard 1922
Les pas, Paul Valéry, *Charmes*, © Gallimard 1922
L'Éternelle chanson, Rosemonde Gérard, *Les pipeaux*, © Lemerre 1953
Le bonheur, Paul Fort, *Ballades françaises*, © Flammarion 1917
Complainte du petit cheval blanc, Paul Fort, *Ballades françaises*, © Flammarion 1897
La ronde autour du monde, Paul Fort, *Ballades françaises*, © Flammarion 1897
Il fera longtemps clair ce soir..., Anna de Noailles, *Le cœur innombrable*, © Calman-Lévy 1901
Chaleur, Anna de Noailles, *L'ombre des jours*, © Calman-Lévy 1902
Pour les enfants et pour les raffinés, Max Jacob, *Les œuvres burlesques et mystiques de Frère Matorel mort au couvent de Barcelone*, © Gallimard 1912
La cueillette, Guillaume Apollinaire, *Il y a*, © Gallimard 1913
Saltimbanques, Guillaume Apollinaire, *Alcools*, © Gallimard 1913
Mai, Guillaume Apollinaire, *Alcools*, © Gallimard 1913
Marie, Guillaume Apollinaire, *Alcools*, © Gallimard 1913
Les colchiques, Guillaume Apollinaire, *Alcools*, © Gallimard 1913
Le pont Mirabeau, Guillaume Apollinaire, *Alcools*, © Gallimard 1913
L'odeur de mon pays, Lucie Delarue-Mardrus, *Ferveur*, © Fasquelle 1902
Plein ciel, 1942, Jules Supervielle, *Ciel et terre* , © Gallimard 1939-45
Il pleut, Francis Carco, *Petite suite sentimentale, Poésie complète*, © Gallimard 1955
Liberté, 1941, Paul Éluard, *Poésie et vérité*, © Éditions de Minuit 1942
La terre est bleue..., Paul Éluard, *L'amour, la poésie*, © Gallimard 1929
Le feu, Louis Aragon, *Le voyage de Hollande*, © Seghers 1964
La rose et le réséda, Louis Aragon, *La Diane française*, © Seghers 1944
La croix pour l'ombre, Louis Aragon, *le Fou d'Elsa*, © Gallimard 1963
Grammaire, Philippe Soupault, *l'Arme secrète, Poèmes et poésie*, © Grasset 1973
Le chat et le soleil, Maurice Carême, *l'Arlequin*, © Fondation Maurice Carême 1970
La fourmi, Robert Desnos, *Chantefables et Chantefleurs*, © Librairie Gründ, Paris 1944
Dans ma maison, Jacques Prévert, *Paroles*, © Gallimard 1945
En sortant de l'école, Jacques Prévert, *Histoires*, © Gallimard 1946
Pour faire le portrait d'un oiseau, Jacques Prévert, *Paroles*, © Gallimard 1945
Chanson des escargots qui vont à l'enterrement, Jacques Prévert, *Paroles*, © Gallimard 1945
Si tu t'imagines, Raymond Queneau, *l'Instant fatal*, © Gallimard 1946

Secrétariat d'édition : Jules Lefeuvre
Maquette : Syntexte